适合企业管理人员、人力资源管理人员阅读

HUMAN
RESOURCES

人力资源管理
与劳动保障研究

李晨光 张凤华 薛雅琳 ◎著

RENLI ZIYUAN GUANLI YU LAODONG BAOZHANG YANJIU

人力资源战略规划，员工的招聘
培训与发展，员工绩效管理、薪酬激励

中国出版集团
中译出版社

图书在版编目（CIP）数据

人力资源管理与劳动保障研究 / 李晨光，张凤华，
薛雅琳著. -- 北京 ：中译出版社，2024.2
ISBN 978-7-5001-7769-2

Ⅰ．①人… Ⅱ．①李… ②张… ③薛… Ⅲ．①企业管
理－人力资源管理－研究－中国②劳动就业－社会保障－
研究－中国 Ⅳ．①F279.23②D669.2

中国国家版本馆CIP数据核字(2024)第050543号

人力资源管理与劳动保障研究
RENLI ZIYUAN GUANLI YU LAODONG BAOZHANG YANJIU

著　　者：李晨光　张凤华　薛雅琳
策划编辑：于　宇
责任编辑：于　宇
文字编辑：田玉肖
营销编辑：马　萱　钟筱童
出版发行：中译出版社
地　　址：北京市西城区新街口外大街28号102号楼4层
电　　话：（010）68002494　（编辑部）
由　　编：100088
电子邮箱：book@ctph.com.cn
网　　址：http://www.ctph.com.cn

印　　刷：北京四海锦诚印刷技术有限公司
经　　销：新华书店
规　　格：787 mm×1092 mm　1/16
印　　张：11.25
字　　数：227千字
版　　次：2024年2月第1版
印　　次：2024年2月第1次印刷

ISBN 978-7-5001-7769-2　　　　　定价：68.00元

前　言

随着经济的发展和社会的进步，人力资源的重要性日益凸显。人力资源管理研究如何有效配置和利用人力资源，提高劳动生产率，促进经济发展。同时，劳动保障研究则关注如何保障劳动者的权益，提高劳动者的生活质量，促进社会公平与和谐。通过深入研究人力资源管理与劳动保障问题，我们可以更好地了解社会经济发展的规律，制定出更加科学合理的人力资源政策和劳动保障政策，促进社会的可持续发展。同时，这也有助于提高组织的竞争力，实现组织和员工的双赢。

本书重点关注企业的人力资源管理，兼顾对事业单位人力资源管理的研究。在内容上，首先，介绍了人力资源管理的概述，包括人力资源的含义、人力资源管理的内容及原则、人力资源管理的理论依据和发展趋势。其次，探讨了工作分析的流程与方法，以及如何进行人力资源战略分析和制订人力资源规划。再次，本书研究了员工的招聘、培训、使用、流动和职业生涯管理等方面，以及事业单位专业技术人才的培训与开发。然后，本书讲述了员工绩效管理和薪酬管理及体系优化，以及事业单位基层职工的激励机制。此外，书中还讨论了劳动关系的基本理论、环境分析、多元主体、运行与构建，以及事业单位劳动关系的冲突与化解。最后，本书介绍了社会保障工作的开展及其体系建设，包括社会保障模式、劳动关系与社会保障的关系、劳动合同与用工管理、劳动争议的预防与处理，以及多层次社会保障体系的建设和机关事业单位养老保险制度改革的新路径。

全书力求结构严谨、内容翔实、论述清晰、客观实用，希望达到理论与实践相结合，具有时代性、实用性等特点，有助于实务工作者进一步思考和探讨相关知识在日常工作中的应用。

本书的完成得到了许多专家学者的帮助和指导，笔者在此表示诚挚的谢意。由于笔者水平有限，加之时间仓促，书中所涉及的内容难免有疏漏与不够严谨之处，希望各位读者多提宝贵意见，以待进一步修改，使之更加完善。

作者

2023 年 12 月

目录

第一章　人力资源管理概论

第一节　人力资源概述

随着社会的发展，人力资源发挥的作用越来越大。因此，人力资源被认为是生产活动中最活跃的因素，是所有资源中最重要的资源，它被经济学家称为"第一资源"。

人力资源一词，英文名称为"Human Resources"，指在一个国家或地区中，处于劳动年龄、未到劳动年龄和超过劳动年龄但具有劳动能力的人口之和，也称"人类资源"或"劳动力资源""劳动资源"。这种劳动能力，构成了其能够从事社会生产和经营活动的要素条件，包括数量和质量两个方面。

一、人力资源的组成部分

人力资源的组成部分分为数量与质量两个方面。

（一）人力资源数量

人力资源数量表示的是：从当前的量上对其进行定义，它表示的是某一个国家或者地区当前全部可以从事劳动的人口资源，通常情况下这一资源的表现会在就业率、失业率等方面体现。在对其数值进行统计的过程中，各个国家所使用的统计标准各不相同，有的使用的是适龄标准，有的使用的是年龄标准。但需要强调的是：一些年龄适合劳动，但是由于自身原因无法进行劳动的人口，也同样存在于劳动适龄人口中；而在劳动年龄人口中也同样有一些没有从事社会劳动的人群。因此，对实际劳动人口数量进行确定时，要将适龄问题与年龄问题进行综合考量，并对当前的数据结果进行修正。

依照上文描述可知，某一地区与国家当前所拥有的人力资源数量，主要由八个方面组成：

第一，已到了可以进行劳动的年龄，并且正在社会中进行劳动的个体，这些群体所组建起来的人力资源数量，就是我们常说的"适龄就业人口"。

第二，没有达到法律规定的劳动年龄，但实际上已经在从事劳动的个体，通常会将这一类型的个体称为"未成年劳动者"。

第三，年龄已超过法定劳动年龄，但依旧在社会上从事劳动的人口，也就是常说的"老年劳动者"。

第四，具有一定的劳动力，并已经符合劳动适龄且正在社会中寻求劳动机会的人口，即为"求业人口"，在与上述三种人群进行结合之后，统称为"经济活动人口"。

第五，已经达到了可以从事劳动的年龄，但是依旧在学习专业知识与技能的个体即为"就学人口"。

第六，已经达到了可以从事劳动的年龄，但是正在进行家务劳动的个体。

第七，已经达到了可以从事劳动的年龄，但此时正在服兵役的人群。

第八，超出法定劳动年龄的个体。

（二）人力资源质量

人力资源质量是对其质的规范与确定，一般通过当前人力资源群体的整体素质来体现。即为当前人力资源群体的整体智力、体质、专业能力、文化素养、技能水平及劳动态度等。对人力资源质量带来影响的因素一般分为三个：即先天原因或基因问题；个人营养不足；受教育水平。在对人力资源丰富程度进行表达与衡量时，一方面我们可以通过数量对其进行表达，另一方面还可对其质量进行描述。通常情况下，关于人力资源的表述对质量方面的关注更多。在社会不断发展与进步的过程中，科学技术的出现与使用，对人力资源在质量方面提出的要求越来越高。在对其质量问题进行分析时，还可从其内部替代性上对其进行表达。

通常而言，在对人力资源进行表达时，质量在其中所呈现出来的替代性更为显著，数量的多少并不能对其质量起到替代作用。对人力资源进行开发，其主要的目的是使人力资源管理方面的质量得到提升，以帮助社会获得更好的发展。在某段时间内，各个国家与地区所呈现出来的人力资源并不会发生太大变化。

二、人力资源的相关概念

（一）人力资源与人口资源

人口资源是指一个国家或地区的人口总和，其主要表现为一个数量概念，是构成人力资源的基础。在量化分析要求不高时，广义的人力资源与人口资源十分接近，但二者并非同一概念。二者的区别首先表现在外延上，也就是表现在规模方面。人口资源主要是指一定时空范围内的人口规模，它不仅包括具有现实和潜在劳动能力的人口在内，而且也包括根本不具有或已经失去劳动能力的纯消费人口在内。人口资源在外延上要比人力资源宽得多。其次表现在内涵上，人口资源侧重考察人口量的方面，称之为人口似乎更确切；而人力资源侧重对一定时空范围内人口的质的考察，更确切地说，人力资源是从某一范围内人口所具有的劳动能力的质量和数量的角度来考察人口的。

（二）人力资源与劳动力资源

劳动力资源是指一个国家或地区有劳动能力并在"劳动年龄"范围之内的人口，亦即劳动力人口的总和。广义的人力资源同劳动力资源的区别是明显的，这是因为广义的人力资源不仅包括法定年龄内的劳动力，还包括未进入或超出法定年龄的那一部分劳动力。

狭义的人力资源在外延上与劳动力资源具有一致性，但在内涵上仍有一定的差别。即在一般的概念使用中，劳动力资源仍较多地偏重于劳动者的数量，人力资源则十分强调劳动者质与量的统一性。

（三）人力资源与人才资源

人才是指具有一定的知识和技能，能以其创造性劳动为社会物质文明、政治文明和精神文明做出积极或较大贡献的人。人力资源在外延上显然大于人才资源的范围。在内涵上，人力资源与人才资源也有着明显的区别：人力资源既包括各个领域中少量杰出的或优秀的劳动者，又包括数量更多的普通劳动者；而人才资源则主要是指劳动力资源中较为杰出的那一部分。

应当说，人口资源、人力资源、劳动力资源和人才资源这四个概念，彼此有一定的联系，但又有明显的区别，在数量上存在一种包含关系（如图1-1所示）。

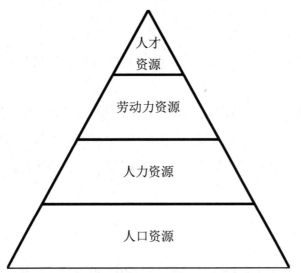

图1-1　人口资源、人力资源、劳动力资源、人才资源的数量关系图

（四）人力资源与人力资本

人力资本是通过对人的教育训练和卫生保健等方面的投资而形成的资本。它凝结于劳动者身上，体现为知识、智慧技能与健康等方面。人力资本与人力资源有着密切的联系。从研究对象上讲，二者都是研究人力及其在社会经济活动中的作用与规律的，具有一致性；从理论渊源上讲，人力资本理论是人力资源理论的基础，人力资源概念是人力资本内涵的延展与深化；从活动过程看，人力资本是对人力资源进行开发性投资而形成的结果，人力资源的开发过程就是人力资本的投资过程。

人力资本与人力资源又有着明显的区别。首先，人力资源在外延上宽于人力资本。人力资源既包括经过教育、培训和健康等投资形成的人力资本资源，又包括未经投资而自然形成的包括体力、智力、技能在内的自然人力资源。其次，二者在内涵上不同。人力资源为一个存量概念，具体表现为一定时空内劳动力人口质和量二者之乘积；人力资本则兼有存量和流量概念的特点，其流量表现为劳动过程中产出量的增减变化，如劳动者的体能损耗、经验积累与技能的不断熟练程度等。

三、人力资源的特征呈现

人力资源能够维持当前社会生产的正常运转，是帮助社会生产得以发展与进步的主要资源，其所呈现出来的特征为：

（一）能动性

从能动性上来说，主要表现在以下三个方面。

自我强化：借助自我学习或者是接受教育的方式，帮助自己的素质与能力得到提升。

选择职业：能够依照个人的能力与兴趣爱好，选择适合自己的工作。

积极劳动：在实际工作与参与社会劳动中，个人的敬业精神等品质会被激发，并愿意将自己的智慧与劳动力贡献给当前的岗位。能够借助对周边资源的使用，在当前工作岗位上进行创新。

（二）可再生性

在消耗的过程中，人力资源所产生的有形磨损主要指的是自然衰老、精神损耗等，这种损耗是无法避免的；无形磨损表示的是个人知识能力在时代发展中逐渐落后，与时代需求相脱节。相较于有形磨损来说，无形磨损所带来的消耗，能够通过个人的不断努力与学习进行适当弥补。

人力资源在开发与使用过程中，需要将终身学习、终身教育这一理念融入其中，在不断学习与不断培训中，提高自身的能力与水平。

（三）两重性

人力资源的产生一方面是投资后所形成的结果，另一方面又能为投资者创造一定的利益价值。故从其本质上来说，它是集生产与消费于一体的资源。在对人力资源进行投资的过程中，其在教育、卫生健康、迁移方面的整体投资力度直接决定了当前社会中人力资源的质量水平。人所拥有的知识主要来自后天接受的教育，为帮助个体获得一定的知识与生存本领，教育活动的开展是必需的。而在教育过程中所投入的时间、精力等均属于人力资本投资的一种。此外，迁移以及卫生健康同样属于直接投资行为。但在进行知识学习的过程中，个人会失去部分参与社会就业的机会，这一过程中造成的损失即属于间接成本。在对人力资本进行投资时，其行为当属消费行为的一种，并且这种消费行为是必须存在与进行的。若不对其进行投资，则无法帮助个体在后期获得更高的收益。不仅如此，同其他类型的资本特性一致，在投入的过程中，人力资源也会得到相应的回报，并且这一回报所带来的价值更高。通常在进行人力资源投资的过程中，社会与个人都能够从中受益，并且获得的收益要远高于投资成本。

（四）时效性

时效性是人力资源所具备的另一个特征。在对人力资源进行开发、使用与制造时，会受到一定的时间限制，并且对于各个阶段的人群来说，在进行劳动生产时，各自呈现出来的能力也是不一样的。随着社会的发展与年龄的增加，人们的知识会逐渐落后，在劳动生产方面的能力也会下降。

（五）社会性

在社会交往中，个体的生长环境、教育环境以及文化程度、人际关系等都会对其个人的价值观念带来影响，在与他人交往中难免会发生摩擦与矛盾。而这种特征被称为社会性特征，在人力资源管理中，需要对上述差异进行包容与调节，促进团队之间的友好协作，提高团队合作精神。

第二节　人力资源管理的内容及原则

一、人力资源管理的主要内容

人力资源管理活动即人力资源管理的职能活动，它是在人力资源战略的指导下，以人力资源规划为起点，以工作分析为基础，运用科学的方法，对组织所需要的人力资源进行招聘、培训开发，对员工的绩效、薪酬、流动、职业生涯以及劳动关系等进行管理，实现人力资源的优化配置，最终实现组织目标和员工价值的过程。

（一）人力资源规划

根据企业的发展战略和经营计划，评估企业的人力资源现状及发展趋势，收集和分析人力资源供给和需求方面的信息和资料，利用科学的方法预测人力资源供给和需求的发展趋势，制定人力资源招聘、调配、培训及发展计划等必要的政策和措施，以使人力资源的供求得到平衡，保证企业目标的实现。

（二）工作分析

为了实现企业的战略目标，人力资源管理部门要根据企业结构制定各职位说明书与员工素质要求，并结合企业、员工及工作的要求，为员工设计激励性的工作。工作分析是收集、分析和整理关于工作信息的一个系统性程序。工作分析的信息被用来规划和协调几乎所有的人力资源活动，如决定员工的挑选标准、制订培训方案、确定绩效评估标准等。

（三）员工招聘

根据人力资源的规划或供需计划而开展的招聘选拔、录用与配置等工作是人力资源管理的重要活动之一。要完成企业的目标，企业用招聘来定位和吸引申请具体职位的人，从内部或外部招聘候选人。招聘的目标在于迅速地、合法地和有效地找到企业所需的合适求职者。在这一过程中，需要采用科学的方法和手段对所需要的人员进行评估和选择。

（四）培训开发

培训和开发是训练员工的过程。它主要是根据不同员工的技术水平和素质差异采用不同的训练方式和训练内容，根据他们完成任务所需要的知识、技术、能力和工作态度，进一步开发员工的潜能，帮助他们胜任现任工作和将来的职务。培训与开发的主要目的在于通过提高员工的知识技能和素质水平去提高企业的绩效。

（五）职业生涯管理

人力资源管理部门和管理人员有责任鼓励和关心员工的个人发展，帮助其制订个人发展计划，并及时进行监督和考查。这样做有利于促进企业的发展，使员工有归属感，进而激发其工作积极性和创造性，提高企业绩效。人力资源管理部门在帮助员工制订个人发展计划时，有必要考察它与企业发展计划的协调一致性。

（六）绩效管理

绩效管理的核心是绩效考核，企业通过绩效工作衡量其员工的工作绩效，并把这些评价传达给他们，其目的在于激励员工继续恰当的行为，并改正不恰当的行为。绩效评价结果可以给管理部门提供有关决策的依据，如晋升、降级、解职和提薪等。

（七）薪酬管理

科学合理的工资报酬福利体系关系到企业中员工队伍的稳定与发展。人力资源管理部门要从员工的知识、技能、资历、职级、岗位及实际表现和工作业绩等方面，来为员工制定相应的、具有吸引力的工资报酬福利标准和制度。员工福利是社会和企业保障的一部分，是工资报酬的补充或延续。员工福利的范围包括医疗保险、失业保险、带薪休假、文体活动、良好的工作条件等。

（八）劳动关系管理

劳动关系是劳动者与用人组织在劳动过程和经济活动中发生的关系。一个组织的员工关系是否健康融洽，直接关系到人力资源管理与开发活动能否有效展开，直接关系到组织的人力资源能否正常发挥作用。

（九）员工流动管理

员工流动管理是现代人力资源管理的重要内容。员工的流入、流出和内部流动是优化组织人力资源配置的重要途径。员工流动的管理直接关系到组织对人力资源的需求是否得到满足，关系到员工队伍是否得到优化和稳定，进而关系到组织的生存和持续发展。

二、人力资源管理的基本原则

在现代人力资源管理理念的指导下，人们经过长期的管理实践，逐步总结出了人力资源管理的基本规律和运行规则，这些规律与规则在事业单位中同样适用。

（一）战略管理原则

人力资源管理是实现组织战略目标，提升组织战略发展能力的重要途径和手段。只有形成组织人力资源管理的战略定位，建立以能力为本的组织人力资源发展战略框架，人力资源管理任务才能确定，影响组织人力资源发展的问题才能明确，各个管理环节才能有序展开。

当代战略性人力资源管理，要求将事业单位人力资源的战略规划与制订放在整个管理过程的优先位置，将人力资源战略与事业单位发展战略和愿景有机整合起来；要求管理者把握环境状况，判断发展趋势，认识机遇与威胁，分析自身的优势与劣势，了解内外部客户的需求，理解组织文化和组织成员的期望，为事业单位创造良好的工作环境和人才发展环境。在此基础上，实现事业单位人力资源能力和绩效的全面提高。

（二）德才统一原则

德的素质包括个体和群体的政治品德、伦理道德、个性品德三个基本方面；才的素质包括智力、知识、专业和综合能力等。德，才之帅也；才，德之资也。德与才是事业单位人力资源素质的基本内容。德才兼备原则是指在人力资源管理过程中，把组织中个体乃至群体人员品德方面的素质与才能方面的素质有机统一起来，作为育才、选才、用才的决定性内涵和标准，使事业单位人力资源的德才素质不断优化，发挥出相得益彰的作用。

德才兼备，意味着在人力资源使用和开发过程中，公职人员的德、才条件是不可或缺、不可偏废的。德保证公职人员活动的方向，指导着才能发挥的方向。有才无德的人，缺乏良好的政治品德和伦理道德，往往会利用职权谋取个人利益，损害国家与政府的形象。而才是德的重要表现形式，没有才，难以在为公众服务的行政管理活动中有所作为。此即德才兼备，德以才附、才以德领。

（三）开发与使用并重原则

开发与使用并重原则是指在人事管理活动及其资源配置上，根据社会经济及管理的需要，将人力资源的现实使用和不断开发联系在一起，人力资源的开发是为了人力资源的使用，而人力资源的使用又为开发指明了方向。开发与使用，二者互接互补、相辅相成。

正是人力资源管理中开发与使用并重的观念，使现代人力资源管理区别于传统的人事行政管理。管理者应该认识到，只注重人力资源的现实使用而忽视其发展，不仅违反人力资源作为一种资本形态的价值理念，而且会使组织在未来发展中缺乏可持续发展的能力。因此，管理者必须高度重视人才使用和开发的双效增值作用，做到在积极开发中科学使用，在科学使用中积极开发。

（四）弹性管理原则

弹性管理原则是指事业单位人力资源开发与管理机构在设计人力资源的职业生涯规划时，应充分考虑各开发部门与管理阶段、环节之间的弹性。缺乏弹性和灵活性会影响事业单位人力资源在最佳的职业期充分发挥其潜能；过于弹性会使他们在职业生涯中失去最佳发展机遇。

弹性原则的主要内容包括：劳动强度要有弹性，不要做力所不能及的事情；脑力工作要适度有弹性，以保持旺盛的精力；劳动时间和工作定额要适度有弹性，并按照国家规定执行；中短期目标要适度有弹性，使全体员工经过努力能够达到，这样可以提高员工对前途的信心。同时，事业单位人力资源的弹性原则坚决反对无所作为、消极怠工、怕苦怕累、自怜自爱，甚至是贪图安逸的消极弹性，坚持在充分发挥和调动人力资源的能力、动力和潜力的基础上，松紧合理、张弛有度，使人们能够更有效、更健康、更有力地开展工作。

（五）竞争激励原则

竞争是普遍规律，优胜劣汰、适者生存是自然法则。竞争是手段，激励是目的，以竞争促激励是现代管理中的一条重要法则。人力资源管理中的竞争激励原则是通过各种有组织的非对抗性的良性竞争，培养和激发人们的进取心、毅力和创新精神，使他们全面施展自己的智慧和才能，达到服务组织、服务社会和促进经济社会发展之目的。

竞争激励原则的基本内容是：通过组织与其他类似组织的竞争，发现能主持全局工作的战略性人才；通过组织系统内管理人才的竞争，发现和选拔各层次的优秀管理人才；通过组织系统内各类专业人才的竞争，发现和培养技术人才；通过组织开发新产品、新服务的过程，发现创造性和开拓性人才。

（六）系统动力发展原则

管理的出发点是必须了解什么因素构成了人们为组织工作的动力源泉。管理者已经普遍认识到，没有激励和动力源泉，人力资源将无法积极工作。人力资源管理中的动力机制，一方面来源于组织能够满足人员不同层次的期望和需求，另一方面则来源于组织塑造良好的竞争环境，激发、激励人们的需要，充分发挥积极性、主动性和创造性，展示自身的潜能。

系统动力发展原则主要包括以下内容：首先是物质动力。人们所从事的活动均与物质利益有关，物质动力是指人类对基本物质需要和物质享受的追求，物质利益包括工资、奖金、津贴、住房、医疗、退休等其他一切福利在内。人类需要可分为生存需要、享受需要、归属需要和发展需要等，其中很多的需要可以通过物质手段来满足。其次是精神动力。人类活动除了物质需要之外，还有精神方面的高尚追求。这里的精神需要是指友爱、表扬、职位、奖励、职称、信任、尊敬等各种非物质激励。另外，还有信息动力。这里的信息是指一切美好的、给予人们情感满足的各种良好信息，由于这些信息增强了人们的希望与追求，激发了人们的工作热情和动力，使人们积极向上、奋发图强、开拓进取，从而提高了工作绩效。信息动力不是直接作用于劳动者本人身上的激励，而是来自环境的信息。大至国家的形势、民族的自豪感，小至事业、家庭或亲友的佳音，均可诱发员工愉快、顺畅的心情，从而以间接的方式对工作产生影响。

第三节 人力资源管理的理论依据

一门学科的建立，必然有其理论基础，人力资源管理的理论基础主要有：人本管理理论、人力资本理论和激励理论。

一、人本管理理论

人本思想在我国古已有之。春秋战国时期，诸子百家已有论及与人有关的治国、为政、教育、用人、治民、选才的言论和思想，然而，这些人本思想主要是针对治国、为政的，没有进一步向管理中的人本主义转化，更没有形成一套系统的人本管理理论。真正意义上的人本管理理论是随着管理学的产生和发展，尤其是管理人性观的不断演进而逐步发展起来的。

（一）人本管理思想的演进

人本管理的哲学理念来源于西方的人本主义思潮。西方古典管理理论以"经济人"假设为前提，认为人的行为的目的，是为了追求最大的利益即为了谋求私利。因此，他们把物质利益看作是激励人的唯一杠杆，并通过各种经济手段来提高员工的积极性。古典管理理论已开始重视人，并开始研究人的心理和行为规律，人本管理理论的萌芽在此时已开始出现。"经济人"假设以及建立在此基础上的对员工物质利益的关注促进了人本管理思想的发展，但其对人性的假设不全面，导致其在管理实践中受到了不少质疑，最终使得"经济人"假设被"社会人"和"自我实现人"假设所替代。"社会人"和"自我实现人"假设分别是对应于早期行为科学（也称人际关系学）和后期行为科学的人性假设。这两种假设认为，影响人的积极性的因素除物质利益外，还有情感和心理因素。人们的工作动机不只在于经济利益，更重要的是工作中的社会关系以及自我实现需要的满足，认为这些才是激发人们工作积极性的巨大动力。在管理中注意员工的物质要求只是一个方面，这两种假设突出地强调了重视员工的心理、社会需要以及自我实现需要的重要性；主张尊重人、关心人、重视人际关系，为员工创立一个有利于发挥自己潜能和实现自身最大价值的制度和环境。建立在这两种假设基础上的行为科学理论促进了人本管理思想的快速发展。但同"经济人"假设一样，这两种人性假设有其合理的方面，却不全面，也无法适用于一切人。

随着人类社会的发展和实践活动的丰富，人的特性也变得更加复杂。在20世纪60年代末70年代初，"复杂人"假设应运而生。该假设认为，人是复杂的，人的需要不仅多种多样，而且这种需要不是静止的，它随着人的发展和生活条件的变化而不断发展变化；管理的方法和措施不能一成不变，不能对所有员工套用"一刀切"式的管理方法，而必须权变地对待，根据不同的人、不同的情况，灵活地采取最有针对性的管理措施，即管理方式是环境的函数。

除了"复杂人"假设，20世纪六七十年代，还出现了一些对人性的不同解释和假设，但这些解释和假设与"复杂人"假设并没有根本的区别，只是对它进行一定程度的补充和完善而已。随着人性认识的不断丰富和深化，人本管理也得到了进一步发展。经过20世纪初至70年代的探索，人本管理的管理理念最终得以确立，并逐渐成为理论界的共识。"以人为本"的管理理念确立以后，随着企业管理环境的重大变化，人本管理理论得到了进一步发展。这些理论主要有非理性管理理论、学习型组织与五项修炼理论、情感智商理论等。这些理论在实践中获得了许多成果，对事业单位人力资源管理有十分现实而重要的借鉴意义和指导作用，因此被逐步地推广、运用到事业单位的人力资源管理中。

（二）人本管理的内涵和实质

对于人本管理的内涵和外延，不同的学者从不同的角度进行了不同阐述。有的对人本管理进行明确定义，并分析人本管理的特点；有的从理论角度分析人本管理的理论模式和运作机制；有的从管理实践的角度探讨人本管理的具体内容。

我们认为，近些年来，虽然"以人为本""人本管理"经常可闻可见，但很多人并没有深究其中"人"与"本"的真正内涵，似乎人本管理就是激发职工的工作积极性，开发人力资源，重视和运用人力资本。如果对"人本管理"仅做如此理解的话，那么它不过是社会组织实现自身功利目标的一种手段，组织中的人并没有摆脱仅仅作为一种资源或人力资本存在的地位。

要理解人本管理，首先，要完整地认识管理中的人，掌握人性的实质。虽然在西方管理研究中曾先后出现过多种人性假设，但没有一种人性假设是真正地建立在科学、全面的理论基础之上的，其根本原因是对人的需要和工作动机缺乏深入的分析和概括。综合当代心理学的动机研究和系统科学的有关研究成果，有人从系统动力论和人的生活价值与意义的角度提出了一种新的人性假设，即"目标人"假设。其基本观点是：人生活的意义在于不断实现心中的目标，并不断形成新的目标；目标是潜伏或活跃在个体内心的自我的未来状态或其他心理图式的可能运动，它们是个体在后天的社会生活中选择性地建构起来的，代表着个体潜在的理想、愿望或愿景，并规定着具体的行为策略；在一定的情境中，某些目标被激活之后成为个体行为的发动者和组织者，形成人的行为动机，而动机是改变人的心理状态和行为的内在原因。在人的心理世界中，存在三种层次的目标，即与生存有关的目标、与社会关系有关的目标和与自我发展有关的目标，三者之间相互联系、相互作用，构成一个有机的功能整体，即目标结构，不同的个体之间在其个性特征（包括能力、气质和性格）和目标结构上存在广泛的差异。进一步说，人有着一种固有的全面实现自身目标并形成新目标的内在动力，人生的价值与意义在于不断实现心中的目标，人工作的意义也正在于不断形成和实现心中的目标，从而不断促进自我的发展。个体的自我概念具有社会性，其自我概念的发展既是社会发展的一个重要方面，也是社会发展的一个重要源泉。

其次，要理解人本管理，还要把握什么是"人本"。众所周知，早期的企业都是以资本为中心建立起来的，资本积累和扩大再生产是企业谋取更多的剩余价值的最主要手段。因此，这一时期的管理是以"资"为"本"的。然而，随着资本主义生产方式的进步，尤其是20世纪50年代以后，人对企业生产率的贡献越来越大，从而将企业中的人提升到一种比物质资本更为重要的地位。于是，"人本主义"就逐渐地取代了"资本主义"在企业中所占的主导地位，以人为本的管理方式也就应运而生。现代企业人本管理的核心是：对企业中的人应当视为人本身来看待，而不仅仅是将他们看作一种生产要素或资源。因此，从严格意义上讲，以人为本之中的"本"实际上是一种哲学意义上的"本位""根本""目的"之意，它是一种从哲学意义上产生的对组织管理本质的新认识。根据上述分析，我们认为，人本管理在本质上是以促进人自身自由、全面发展为根本目的的管理理念与管理模式，而人自身自由、全面发展的核心内容是个体心理目标结构的发展与个性的完善。人本管理就是要求管理者按照人性的基本状况进行管理，尊重人的内心需求和感受，把组织的目标同个人的目标紧密结合，把人潜在的动力转变为组织发展的动力。

人本管理把人的因素当作管理中的首要因素和本质因素，组织通过以人为本的管理活动锻炼人的意志、智力和体力，完善人的意志和品格，提高人的智力，增强人的体力，使人获得超越生存需要的更为全面的自由发展。与传统的科学管理相比，人本管理在管理的重心、方式等方面都发生了显著的变化。具体来讲，它是把人作为管理活动的核心和组织中最重要的资源，把组织全体成员视为管理的主体，围绕着如何充分利用和开发组织的人力资源，服务于组织内外的利益关联者，从而实现组织目标和组织成员的个人目标。人本管理的内涵有广义和狭义之分，狭义的人本管理主要是指对组织内部成员的关怀和重视；广义的人本管理则不仅考虑内部成员的利益，还十分重视对组织外部主体的人文关怀。在管理的实践活动过程中，狭义的人本管理正日益被广义的人本管理所取代。这不仅反映了人本管理自身的发展，也反映了人们对人本管理认识的不断深化。

（三）人本管理与人力资源管理

人力资源管理的产生与人本管理思想的出现密切相关。现代人力资源管理源于英国的劳工管理，经由美国的人事管理演变而来。20世纪70年代以后，人力资源在组织中所起的作用越来越大，传统的人事管理已经无法适应新的发展需要，并逐步地为人力资源管理所替代。70年代末80年代初，随着西方人本管理理念和模式的确立与发展，现代人力资源管理便应运而生。

人本管理是人力资源管理最根本的特点，是现代人力资源管理的精髓。现代人力资源管理把"以人为本"作为指导思想，将"人本管理"作为最重要的原理和原则贯穿于各项人力资源管理活动中，重视对人力资源的开发与管理。现代人力资源管理不再把人当成一种成本看待，而是把人视为组织中最宝贵的、可增值的资源，并进行有效地开发、利用和科学管理。

人力资源管理是对人的管理，自然要研究人性，即人的本性。人本管理是随着管理界对人性认识的不断深入而逐步发展和完善的。不同的学者和管理者对前面所涉及的几种人性假设理论的看法虽不尽相同，但每种人性假设及其提出的管理主张和管理措施的科学成分在今天仍有很强的借鉴意义。现代人力资源管理追求作为"目的人"和"手段人"的统一，除了关注功利目标，还关注人文目标。为了能兼顾这两个目标，就必须对丰富的人性予以全面的尊重。人性是一个矛盾而且日益丰富完善的结构，人性的具体表现千差万别，必须防止将人性单一化、片面化。为此，应在以人为本的基础上，把作为目的和手段的人统一起来，统一的出发点和归宿在于实现人的自我发展。应该明确人作为目的是最终价值，人充当手段是这一终极价值的派生物。在现代人力资源管理中只有明确这一点才是真正地坚持以人为本。

因此，人力资源管理应承认人的各种需要的合理性，千方百计创造条件予以满足，促进人的健康全面发展。围绕着解决人与工作相适应这一人力资源管理的核心问题，应该把管理的视角由工作向人转移，工作的设计、规章制度的制定以及组织结构、管理方式的变革，要更多地考虑人的因素，以使与人性有关的人为目标得以实现。

二、人力资本理论

人力资本理论的主要研究对象是人力资本生成与发展过程及其对经济运行的影响。经济、社会发展的实际需要是人力资本理论产生的土壤，也是其得到重视和广泛传播的根本原因。

（一）人力资本的概念界定

对人力资本概念的界定是人力资本投资理论的逻辑起点，为此，各专家学者都从不同的角度对人力资本的含义进行了探讨。

古典政治经济学的创始人之一威廉·配第是首次严肃地运用人力资本概念的学者。他在1676年把战争中军队、武器和其他军械的损失与人类生命的损失进行了比较，提出了"土地是财富之母，劳动是财富之父"的著名论断，这实际上已经确立了人力资本理论的初步思想。

古典政治经济学的另一代表——亚当·斯密将上述思想推到了那个时代的最高点，他最早大胆、明确地把人或人的能力划归为固定资本。他在自己的名著《国富论》中提到，一国国民所有后天所获得的有用能力是资本的重要组成部分。因为获得这种能力需要花费一定的费用，所以，它可以被看成是在每个人身上固定的、已经实现的资本。当这种能力成为个人能力的一部分时，它也就成为社会财富的一部分。一个工人技能的提高，可以节约劳动时间，提高劳动效率。虽然提高工人的技能需要投入相当多的费用，但却能创造出更多的利润，足以补偿费用的支出。

在斯密之后，许多经济学家都接受了他的关于人的技能和能力属于资本范畴的观点。例如，J.B.萨伊指出，由于人的技艺和能力的形成需要花费成本，并可以提高劳动生产率，因此，可以将其视为资本。阿尔弗雷德·马歇尔在其代表作《经济学原理》中提到要加强对人的投资，并研究了这种投资对个人收入的影响。此外，还有一些经济学家进一步认为，人的健康也应当同知识、技艺、能力一样同属于资本。

19世纪末20世纪初，美国一些经济学家将资本重新定义并扩展，提出任何可以带来收入的财产都是资本的观点。欧文·费雪则在1906年出版的《资本和收入的性质》一书中，进一步提出和阐述了人力资本的概念。

西奥多·舒尔茨在吸收前人研究成果的基础上，对人力资本进行了较为完整和全面的阐述。他在其人力资本理论方面的著作中提出了包括物质资本和人力资本在内的广义资本的概念，对人力资本的基本含义进行了多方面的界定。他指出，人力资本需要各种各样的投资才能形成，包括医疗保健投资、教育培训投资、劳动迁徙投资等。他同时又论证了人力资本是经济增长的主要源泉，在经济发展过程中人力资本的投资收益率要高于物质资本的投资收益率。目前，我们对人力资本的理解，仍主要依据舒尔茨对人力资本的界定。

通过对人力资本逐步深入的认识可以看到，人们是在对传统的资本进行重新定义并扩展的基础上，提出任何可以带来收入的财产，包括资金、设备、厂房、知识、技能等都是资本的观点，这样资本就有了两种存在形式，即物质资本和人力资本。体现在物质形式方面的资本（即投入生产过程的厂房、机器、设备、资金等各种物质生产要素的数量和质量）为物质资本；体现在劳动者身上的资本（如劳动者的知识、技能、体力、健康状况、劳动者数量等）为人力资本。具体而言，人力资本是指人们花费在人力的保健、教育、培训等方面的开支所形成的资本。这种资本，就其实体形态来说，是活的人体所拥有的体力、健康、经验、知识和技能及其他精神存量的总称，它可以在未来的特定经济活动中为有关经济行为主体带来剩余价值或利润收益。

（二）人力资本理论的主要内容

人力资本理论经历了漫长的历史发展进程。一般认为，人力资本概念是由美国芝加哥大学西奥多·舒尔茨教授于1960年在美国经济学会年会的演讲中正式提出的。

1. 舒尔茨的人力资本理论

（1）资本既包含物质资本，也包含人力资本。

（2）人力资本对经济增长起着重要作用。

（3）人力资本投资的内容或范围：①医疗和保健的支出。②用于培训在职人员的教育支出。③用于正规的学校教育的支出。④用于社会培训项目的支出。⑤用于人力资源迁移的支出。

（4）教育投资是人力资本投资的主要部分。

（5）提出人力资本的投资标准。

（6）人力资本投资的增长水平决定人类经济和社会发展的未来。

（7）摆脱一国贫困状况的关键是致力于人力资本投资，提高人口质量。

2. 贝克尔的人力资本理论

加里·贝克尔认为，人力资本是今后收益的源泉，因此，教育就是人力资本的投资。贝克尔注重分析微观的人力资源活动。例如，家庭在孩子的生育、培养方面的经济决策与成本-收益分析，家庭的时间价值与时间配置分析及家庭的市场与非市场活动等，并且运用经济数学方法对其中的经济变量与关系进行了分析，颇有新意。

3. 丹尼森的人力资本理论

爱德华·丹尼森对人力资本的经济作用进行了计算和分析，他的分析和计算方法得到了许多国家的认同，并在许多国家得到了应用。丹尼森的分析被称为"余数"分析。他认为，传统经济分析在估算劳动和资本这两个要素对国民收入增长所做出的贡献时，还有大量的"余数"，这个"余数"既不是劳动的作用，也不是资本的作用，而是来自人力资本投资或教育的贡献。在此基础上，丹尼森运用定量分析的方法对美国的经济增长的要素贡献率进行了计算，得出：在1929—1957年美国经济增长的诸多要素贡献中，有23%的份额来自美国教育的发展。

（三）人力资本理论的地位及作用

人力资本理论自20世纪中叶创立以来，经过半个多世纪的发展演变和传播，现在已经成为经济学中应用最多的理论之一，被推广应用于各个应用学科和研究领域。正是有了人力资本理论，才使教育经济学成为一门独立应用的学科，使卫生经济学研究有了支柱性基础，使人力资源会计学迅速成长和发展起来，使家庭经济学被赋予了崭新的内容，使经济增长理论获得了"新生"，它还使人口经济学和劳动经济学有了重要的、实质性的内容，使发展和制度经济学的研究也有了新的思路等。

人力资本理论不仅促进和带动了相关学科的发展，而且在各国经济与管理实践中也日益发挥着重要的作用。在西方发达国家，如美国，人力资本理论无论在理论研究上还是在社会影响和实际行动上，都相当成熟和深入，关于人力资本的形成和运营问题已经成为总统竞选、政府决策和国际经济事务中公开关注和讨论的焦点。同样，在发展中国家，越来越多的官员和学者认识到提高人力资本投资是经济、社会发展的根本问题，并将人力资本理论作为战略选择和政府决策的重要依据，实施于发展实践中。

随着以人为本的人力资源管理理论的产生与发展，人力资本理论在人力资源管理实践中得到了广泛应用。现代人力资源管理理论最早在企业产生和得以应用，人力资本理论也在企业人力资源管理方面得到了十分广泛的应用。相比之下，人力资本理论在事业单位尚未得到广泛应用。但随着企业及社会变革对公共服务要求的日益提高，事业单位也面临着外在的巨大压力，只有认识到公共人力资源的重要性，重视对人力资本的投资，才能应对挑战，提高工作效率。事业单位人力资源管理理论与实践的发展，尤其是事业单位人力资源培训与开发活动的日益展开，使得人力资本理论在事业单位中的作用和地位更为重要。

三、激励理论

（一）需要型激励理论

需要型激励理论，也称内容型激励理论，它主要是研究激励的原因和起激励作用因素的一种激励理论。马斯洛的需要层次理论、阿尔德弗的ERG理论和赫茨伯格的双因素理论是最为典型的三种需要型激励理论。

1. 马斯洛的需要层次理论

美国心理学家和行为学家亚伯拉罕·马斯洛（Abraham Maslow）在1943年出版的《人的动机理论》一书中，提出了需要层次理论。他把人的需要归纳为五个层次，由低到高依次为生理需要、安全需要、社交需要（亦称社会归属需要）、尊重需要和自我实现需要。

（1）生理需要。这是人类维持自身生存所必需的最基本的需求，包括衣、食、住、行的各个方面，如食物、水、空气以及住房等。生理需要如果得不到满足，人们将无法生存下去。

（2）安全需要。这种需求不仅指身体上的，希望人身得到安全、免受威胁，而且还有经济上的、心理上的以及工作上的等多个方面，如具有一份稳定的职业、心理不会受到刺激或者惊吓、退休后生活有所保障等。

（3）社交需要。有时也称作友爱和归属的需要，是指人们希望与他人进行交往，与同事和朋友保持良好的关系，成为某个组织的成员，得到他人关爱等方面的需求。这种需求如果无法满足，可能就会影响人们精神的健康。

（4）尊重需要。包括自我尊重和他人尊重两个方面。自我尊重主要是指对自尊心、自信心、成就感和独立权等方面的需求；他人尊重是指希望自己受到别人的尊重，得到别人的承认，如名誉、表扬、赞赏、重视等。这种需求得到了满足，人们就会充满信心，感到自己有价值；否则就会产生自卑感，容易使人沮丧、颓废。

（5）自我实现需要。这是最高层次的需求，是指人发挥自己最大的潜能，实现自我的发展和自我的完善，成为自己所期望的人的一种愿望。

马斯洛认为人的需要一般按照由低层次到高层次的顺序发展，只有在低层次的需要得到满足以后，才会进一步追求较高层次的需要；而且随着需要层次的升高，满足的难度相对增大，满足的程度相对减小；人在不同的时期或发展阶段，其需要结构不同，但总有一种需要发挥主导作用。因此，管理者只有真正掌握员工在某一时期或发展阶段的主导需要，才能有针对性地进行激励。

马斯洛的理论阐述了人类需要的多样性和层次性，并明确地指出了人的优势需要的支配作用。该理论关于阶梯需要的关系过于机械，与实证研究不符。

2. 阿尔德弗的 ERG 理论

美国心理学家克雷顿·阿尔德弗在对大量员工进行研究之后，对马斯洛的需要层次理论进行了修正，在《生存、关系以及成长：人在企业环境发展中的需要》等著作中指出，人的需要可以分为三种，即生存需要、关系需要以及成长需要。由于这三个词的第一个字母分别为 E、R、G，因此，称之为 ERG 理论。

（1）生存需要（Existence），是指维持生存的物质条件，相当于马斯洛的生理和安全需要。

（2）关系需要（Relatedness），是指人维持重要人际关系的欲望，与他人进行交往和联系的需要，相当于马斯洛的社交需要。

（3）成长需要（Growth），是指追求自我发展的欲望，希望在事业上有所成就，在能力上有所提高，不断发展完善自己的需要，相当于马斯洛的尊重需要和自我实现的需要。

ERG 理论表明：哪个层次的需要得到的满足越少，人们就越希望使这种需要得到满足；较低层次的需要得到越多的满足，就越希望满足较高层次的需要；如果较高层次的需要不能得到满足的话，对满足较低层次需要的欲望就会加强。在满足需要的过程中，既存在需要层次理论中所描述的"满足—上升"趋势，也存在"挫折—倒退"趋势。

与马斯洛的需要层次理论相比，ERG 理论要灵活变通得多，人们可以同时去追求各种层次的需要，而且在某些条件的限制下，各种需要之间可以进行灵活转化。例如，如果一份工作对员工具有挑战性和吸引力，员工能从工作本身中得到快感，那么他也许就不太在意薪水的高低；但如果工作没有任何新鲜感和挑战性，员工从工作中得不到任何快乐，那么他可能会更在乎物质报酬，以此得到平衡。因此，管理人员首先要了解员工有哪些需要是尚未满足的，或者有哪些需要是员工最想满足的，然后有针对性地采取措施，以促使员工积极工作。

3. 赫茨伯格的双因素理论

弗雷德里克·美国心理学家赫茨伯格及其同事于 20 世纪 50 年代末期，在匹兹堡地区对两百多名工程技术人员和会计人员进行了大量的访问调查，调查被访问者对工作感到满意和不满意的原因各是什么，试验的目的在于验证以下假设：人们在工作中存在两种不同的需要，即作为动物要求避开和免除痛苦，作为人要求在精神上不断发展、成长。赫茨伯格根据调查研究的资料和成果，提出了"双因素理论"。

双因素理论又称"激励-保健因素"理论（Motivation-Hygienetheory）。该理论认为，员工不满意与满意的因素是两类不同性质的因素。使员工感到不满意的因素称为保健因素，这类因素的改善可以预防或消除员工的不满，但不能直接起到激励的作用。这些因素大多与工作环境或工作条件有关，具体有公司政策和行政管理、监督、与主管的关系、工作条件、薪金、同事关系、个人生活、与下属的关系、地位和安全保障十个方面。使员工感到满意的因素称为激励因素，这类因素的改善可以使员工感到满意，产生强大而持久的激励作用。这些因素主要与工作内容和工作成果有关，具体有成就、认可、工作本身、责任、晋升和成长六个方面。当激励因素缺乏时，员工的满意度降低或消失，但却不会出现不满意的情况。简单地说，保健因素只会消除不满，却不会产生满意，只有激励因素才能产生满意。

赫茨伯格的双因素理论与马斯洛的需要层次理论具有相似之处。双因素理论中的保健因素相当于需要层次理论中的生存需要、安全需要和社交需要等较低层次的需要，激励因素则相当于尊重需要、自我实现需要等较高层次的需要。当然，他们的具体分析和解释是不同的。赫茨伯格的双因素理论像其他激励理论一样，在实际工作中得到了广泛的应用，其中心思想就是通过增加工作中的激励因素，来充分发挥员工的积极性、主动性和创造性。

（二）过程型激励理论

过程型激励理论着重研究人们选择其所要进行的行为的过程，即研究人们是怎样产生的，是怎样向一定方向发展的，如何能使这个行为保持下去，以及怎样结束行为的发展过程。其中具有代表性的理论是期望理论、公平理论和目标理论。

1. 期望理论

1964年，美国行为学家维克托·弗鲁姆在他的著作《工作与激励》一书中首先提出了比较完备的期望理论。该理论认为，某一活动对人的激励水平取决于他所能得到的成果的全部预期价值与他认为达到该成果的期望概率。用公式表示就是：

$$M（\text{motivation}）=V（\text{valence}）\times E（\text{expectancy}）\qquad 式（1\text{-}1）$$

$$激励力＝效价 \times 期望值$$

式中：

M为激励力，是指调动一个人的积极性、激发出人的内部潜力的强度。

V为效价，是指某项活动成果所能满足个人需要的价值的大小，或者说是某项活动成果的吸引力的大小，它不是指某一单项效价，而是指各种效价的总和。效价既可以是精神的，也可以是物质的；同一项活动和同一个激励目标对不同的人的效价是不一样的；对于同一个人在不同的时候，效价也是不一样的。其变动范围在[-1，+1]之间。

E 为期望值，是指一个人根据经验所判断的某项活动导致某一成果的可能性的大小，它与个人的能力、经验以及愿意做出的努力程度有直接关系。以概率表示，其变动范围在[0，1]之间。

期望理论对我们实施激励有如下启示：管理者不要泛泛地抓各种激励措施，而应当抓企业多数成员认为效价最大的激励措施；设置某一激励目标时应尽可能加大其效价的综合值，如果每月的奖金多少不仅意味着当月的收入状况，而且与年终分配、工资调级和获得先进工作者称号挂钩，则将大大增大效价的综合值；适当控制实际概率与期望概率。期望概率并不是越大越好，也不是越小越好，而是要适当。期望概率过高，容易产生挫折；期望概率太低，又会降低激励水平。但期望概率并不完全由个人决定，它与实际概率的大小有关，而实际概率在很大程度上是由企业或领导者决定的。实际概率应使大多数人受益，它最好大于平均的个人期望概率，让人喜出望外，而不要让人大失所望。但实际概率应当与效价相适应，效价大，实际概率可小些；效价小，实际概率可大些。

2. 公平理论

公平理论又称社会比较理论，它是美国的心理学家亚当斯于20世纪60年代首先提出来的。该理论侧重于报酬对人们工作积极性的影响。其基本观点是，当一个人做出了成绩并取得报酬以后，他不仅关心所得报酬的绝对量，而且关心自己所得报酬的相对量。因此，他要进行种种比较来确定自己所获报酬是否合理，比较的结果将直接影响今后工作的积极性。该理论的核心用以下公式表示：

$$O_p / I_p = O_a / I_a \text{ 或 } O_p / I_p = O_h / I_h \qquad \text{式（1-2）}$$

式中，O_p 为对自己报酬的感觉；O_a 为对别人所获报酬的感觉；I_p 为对自己所作投入的感觉；I_a 为对别人所作投入的感觉；O_h 为对自己过去报酬的感觉；I_h 为对自己过去投入的感觉。

公平理论指出，每个人都会自觉或不自觉地把自己付出的投入和所获报酬相比的收支比率，同其他人在这方面的收支比率做社会比较，又同自己过去在这方面的收支比率做历史比较。如果这种比较表明收支比率相等，即上述等式成立，他便会感到自己受到了公平的待遇，因而心情舒畅，努力工作；如果收支比率不等，即上述等式不成立，则可能出现以下情况：

（1）当 $O_p / I_p < O_a / I_a$ 或 $O_p / I_p < O_h / I_h$ 时，他会感到不公平，他可能要求增加自己的报酬或减少自己今后的努力程度；或者要求企业减少比较对象的报酬，让其今后增大努

力程度；或者另外找人作为比较对象，以求得心理上的平衡；也可能发牢骚、讲怪话，消极怠工，制造矛盾甚至弃职他就。

（2）当 $O_p/I_p>O_a/I_a$ 时，他可能要求减少自己的报酬或在开始时自动多做些工作，但久而久之，他会重新估计自己的技术和工作情况，最终觉得自己确实应当得到那么高的待遇，于是工作状态又会回到过去的水平了。

（3）当 $O_p/I_p>O_h/I_h$ 时，他一般不会感受到不公平，而会认为就应该这样，因而不会更加积极地工作。

心理学的观点认为，不公平会使人们的心理产生紧张和不安状态，因而影响人们的行为动机，导致工作效率的降低，旷工率、离职率随之上升。因此，管理者应当在工作任务的分配、工资和奖金的评定以及工作成绩的评价中，力求公平合理，以保护和调动员工的积极性。但公平是相对的、主观的，在客观上只能做到让多数人认为公平，让每个人都感到公平是不可能的。

3. 目标理论

这一理论也被称为目标设置理论，是美国马里兰大学心理学教授E.A.洛克于1968年提出来的。他和同事经过大量研究发现，对人们的激励大多是通过设置目标来实现的，目标具有引导员工工作方向和努力程度的作用。因此，应当重视目标在激励过程中的作用。洛克提出了目标理论的一个基本模式（如图1-2所示）。

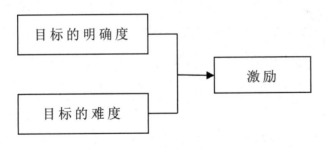

图1-2 目标理论的基本模式

由图1-2可以看出，激励的效果主要取决于目标的明确度和目标的难度这两个因素。目标的明确度是指目标能够准确衡量的程度，目标的难度则是指实现目标的难易程度。洛克的研究表明，就激励的效果来说，有目标的任务比没有目标的任务要好；有具体目标的任务比只有笼统目标的任务要好；有一定难度但经过努力能够实现目标的任务比没有难度或者难度过大的任务要好。当然，目标理论发挥作用还必须有一个前提，那就是员工必须承认并接受这一目标。

相对公平理论而言，目标理论对人力资源管理的意义则更多地体现在绩效管理方面。按照目标理论的要求，在制定员工的绩效目标时要注意以下三个问题：一是目标必须具体、明确；二是目标要有一定的难度；三是制定目标时要让员工共同参与，使员工能够认同和接受这一目标。

第四节　人力资源管理的发展趋势

一、人力资源管理的虚拟化趋势

信息化时代和低碳经济时代使得家庭办公、网络办公、协同工作等工作方式逐渐流行，对应的人力资源虚拟化管理也成为一种趋势。人力资源虚拟化管理作为适应信息化、网络化发展的企业组织管理的一种策略，是人力资源管理发展的一种新的趋势，使企业运用自身最强的优势和有限的资源，最大限度地提高企业的竞争能力，使人力资源管理工作变得更加具有弹性和战略性。人力资源信息化管理与人力资源外包是人力资源管理虚拟化的主要形式。

（一）人力资源信息化管理

信息化时代的人力资源管理借助计算机和网络工具，首先完成事务性管理活动，如人事信息管理、福利管理、考勤管理、休假管理等；在此基础上扩展到常规性管理活动，包括网络招聘、网络培训、网络学习、网络考评、网络沟通等。未来人力资源信息化管理将在系统整合的基础上实现自上而下的战略性人力资源管理的e化，即eHR。eHR不仅能够极大地降低管理成本、提高管理效率，而且更重要的是能够提升管理活动的价值，它能够使人力资源管理者从低价值的事务性工作中解脱出来，投入更多的时间和精力从事高价值的战略性管理活动。

（二）人力资源外包化管理

以信息网络为工具的虚拟工作形式呈不断增长趋势。企业通过部分虚拟人力资源管理事务，保留核心职能，外包非核心职能，有利于减少人力资源部门的等级体系，促使人力资源部门的扁平化和网络化。采用人力资源管理外包可以通过合理地运用外部资源，促使企业对内部资源进行最合理、最有效的配置，从而发挥企业外部资源和内部资源的协同作用，建立企业竞争优势。通过人力资源管理外包，可以将人力资源管理的核心模块投入对企业核心能力最有贡献的领域，构建企业核心竞争优势，提升组织整体绩效。虚拟人力资源管理的最终目的同样是提升组织绩效。

二、人力资源生态链与价值链管理趋势

（一）人力资源生态链管理趋势

在"以人为本"的理念中，尊重人才、改善与优化人才生态环境，增强吸引力、提高凝聚力，为各类人才提供适宜生存、展示才华的空间，促进经济和社会发展。企业人力资源生态链管理或者绿色人力资源管理逐渐流行。

首先，人力资源生态链管理要求为人才提供绿色的人才生态环境，在此基础上创建良性的人才竞争环境。

其次，绿色人力资源管理适应低碳经济或绿色经济发展的要求，发挥人力资源的创新作用和建立系统的人力资源培养体系。

（二）人力资源价值链管理

人力资源管理由过去的价值分配转向价值创造，其功能由成本中心转向利润中心。人力资源管理的核心是如何通过价值链的管理，来实现人力资本价值的实现及其价值的增值。人力资源价值链是指人力资源在企业中的价值发现、价值创造、价值评价和价值分配一体化的环节。价值链本身就是对人才激励和创新的过程。价值链管理由此成为未来人力资源管理的趋势。

第一，价值发现建立在清晰的人力资源战略规划流程的基础上，将人力资源管理投资与组织业务目标有效结合起来，塑造人力资源的独特优势，发掘人力资源管理的战略价值。价值发现是人力资源价值链管理的首要环节，主要包括以战略价值为引导的人力资源战略规划系统和以增加价值的方式设计的人力资源管理工作体系。

第二，价值创造就是在理念上要肯定知识创新者和企业家在企业价值创造中的主导作用，企业中人力资源管理的重心要遵循2：8规律，即我们要关注那些能够为企业创造巨大价值的人，他们创造了80%的价值，而数量却在企业中仅占20%；同时，也能带动企业其他80%的人。注重形成企业的核心层、中坚层、骨干层员工队伍，同时实现企业人力资源的分层分类管理模式。

第三，价值评价问题是人力资源管理的核心问题，其内容是指要通过价值评价体系及评价机制的确定，使人才的贡献得到承认，使真正优秀的企业所需要的人才脱颖而出，使企业形成凭能力和业绩吃饭，而不是凭政治技巧吃饭的人力资源管理机制。

第四，价值分配。通过价值分配体系的建立，满足员工的需求，从而有效地激励员工，这就需要提供多元的价值分配形式，企业应注重对员工的潜能评价，向员工提供面向未来的人力资源开发内容与手段，提高其终身就业能力。

三、人力资源管理的重心转向知识型员工管理

在新经济时代和创业型经济时代，企业成为经济发展的主导因素，企业的核心是人才，人才的核心是知识创新者与企业家，两者均为知识型员工。人力资源管理要关注知识型员工的特点，其重点是如何合理开发与有效管理知识型员工，对其采用不同的管理策略。

（一）知识型员工的有效开发

知识型员工由于其拥有知识资本，在组织中有很强的独立性和自主性，要求企业在对知识型员工授权赋能的同时强化人才的风险管理，要使企业的内在要求与员工的成就意愿和专业兴趣相协调。知识型员工具有较高的流动意愿，不希望终身在一个组织中工作，由追求终身就业饭碗，转向追求终身就业能力，从而为企业保留人才带来了新的挑战。

（二）知识型员工的有效管理

知识型员工的工作过程难以直接监控，工作成果难以衡量，使得价值评价体系的建立变得复杂而不确定，因此，企业必须建立与知识型员工工作特征相一致的价值评价体系和价值分配体系。知识型员工的能力与贡献差异大，出现混合交替式的需求模式，需求要素及需求结构也有了新的变化。另外，知识型员工的特点要求领导方式进行根本的转变，要建立知识工作系统和创新授权机制。

四、人力资源管理的客户价值导向

员工是客户，企业人力资源管理的新职能就是向员工持续提供个性化的人力资源产品与服务，视员工为客户，人力资源管理走向客户关系管理时代。新经济时代，企业要以新的思维来对待员工，要以营销的视角来开发组织中的人力资源。从某种意义来说，人力资源管理也是一种营销工作，即企业要站在员工需求的角度，通过提供令顾客满意的人力资源产品与服务来吸纳、留住、激励、开发企业所需要的人才。

人力资源管理者要扮演工程师＋销售员＋客户经理的角色。一方面人力资源管理者要具有专业的知识与技能，另一方面要具有向管理者及员工推销人力资源产品与服务方案的技能。人力资源经理也是客户经理，所提供的产品与服务主要包括以下五种：

一是共同愿景，通过提供共同愿景，将企业的目标与员工的期望结合在一起，满足员工的事业发展期望。

二是价值分享，通过提供富有竞争力的薪酬体系及价值分享系统来满足员工的多元化的需求，包括企业内部信息、知识、经验的分享。

三是人力资本增值服务，通过提供持续的人力资源开发、培训，提升员工的人力资本价值。

四是授权赋能，让员工参与管理，授权员工自主工作，并承担更多的责任。

五是支持与援助，通过建立支持与援助工作系统，为员工完成个人与组织发展目标提供条件。

五、流程化人力资源管理趋势

流程化人力资源管理包括两个方面：一是人力资源管理的流程化；二是适应流程优化的人力资源管理模式。

人力资源管理的流程化体现为在有效管理组织的同时，实现人力资源管理程序的标准化，确保每位员工都受到相同而公平的对待。几乎每道人力资源流程都牵涉到组织内至少一个其他部门的经理与员工的参与，即使是一个非常普通的流程都需要许多参与者的投入。人力资源管理流程化的实质是适应企业面临的各种环境，对人力资源管理的职能进行程序化运作。

适应流程优化的人力资源管理模式，要求企业在不断地审视和改进自身的业务流程的同时发展员工的技能和能力，改进人力资源管理模式。企业生产或服务流程优化的实质是不断将新技术应用到服务或生产的实践中，以便不断提高企业的运营效率，并最终获取持续的竞争优势。

第二章 工作分析与人力资源战略规划

第一节 工作分析的流程与方法

工作分析也称职务分析、职位分析或岗位分析，它是对职位信息进行收集、整理、分析与综合，以确定完成各项工作所需的技能、责任和知识的系统过程、技术与方法。其主要成果是为组织内每项工作制定一份全面、正确并符合组织需要的工作说明书和工作分析报告等。

一、工作分析的基本流程

工作分析是对组织内部各项工作系统进行分析和全面评价的过程。在人力资源管理系统中，它是一项技术很强的工作。为了保证工作分析的效果，在实际操作中必须遵循一定的程序并注意相关问题。工作分析的过程一般可以分为四个基本阶段：前期准备阶段、信息收集阶段、整理分析阶段和结果整合阶段。这四个阶段彼此衔接、相互联系、相互影响。

（一）前期准备阶段

准备阶段的工作越详细周密，工作分析便越可能顺利地进行。一般来说，准备阶段的主要工作包括：了解工作职位的基本特征、选择工作分析人员、制订分析工作的具体计划。

1. 了解工作职位的基本特征

工作分析的最初工作是围绕了解职位的基本特征而开展的背景资料收集。对工作分析有参考价值的背景资料主要包括：

（1）国家职业分类标准和国际职业分类标准。我国的职业分类大典将职业分为大类、中类、小类和细类4个层次，每一个层次都有不同的划分原则和方法。大类层次的职业分类是依据工作性质的同一性，并考虑相应的能力水平进行分类的，共8个大类；中类层次的职业共66类，是在大类的范围内，根据工作任务和分工的同一性进行分类的；小类层次的职业共413类，是在中类的范围内，按照工作环境、功能及其相互关系的同一性进行分类的；细类层次的职业共1838类，细类职业分类即职业的划分和归类，是在小类的基础上，按照工作分析的方法，根据工艺技术、对象、操作流程和方法的相似同一性进行分类的。

在工作分析的准备阶段，对于一般的职务，工作分析人员可以查阅职业分类词典，找到类似的职位描述。职业分类词典中的职位描述并不是针对某一个具体组织中的职位的，同时，每一个职位的环境都是不一样的，在不同的环境中，同一个职位的工作特性都会有所不同。因此，工作分析人员应该根据组织自身的实际情况做出分析，现有的资料只能作为参考。

（2）行业或职业协会的有关资料。除非是一个全新的职位，否则一般总能够收集到以前人们进行过的职位分析资料。行业或职业协会常常会保存这方面的资料，劳动和人事部门以及同行业的组织也会保存这方面的资料，这些资料往往是工作分析人员审查并重新编写工作说明书的起点。

（3）组织中的有关资料。工作分析所需要的组织方面的相关资料主要包括：①组织结构图。组织结构图描述了组织中各个组成部分之间的相互关系，它可以反映当前的工作与组织中其他工作的关系及其在组织中的地位。组织结构图确定了每一个职位的名称、权限关系、信息沟通与交流的方式。②工艺流程图。工艺流程图是对组织结构图的有关信息的详尽补充，通过工艺流程图，工作分析人员可以比较好地了解工作部门或职位之间的动态联系。③部门职能说明书。组织中的各个职能部门说明书规定了每一个部门的使命和职能，它有助于工作分析人员将职能部门的职能全面有效地分解到部门内的各个职位上去。

2. 选择工作分析人员

（1）成立工作分析小组

工作分析的准备阶段，应该成立专门的工作分析小组。工作分析小组成员通常包括进行策划和提供技术支持的专家、具体实施操作的专业人员以及负责联络协调的人员。小组成员应该被赋予进行工作分析的权限，以保证分析工作顺利有效地进行。在选择工作分析人员时，首先要考虑的是聘请外部工作分析专家还是由组织内部的专业人员来进行，两种选择各有其优缺点。

聘请外部专家的优点是：外部专家来自组织外部的专业机构，他们通常经过专业的训练，能够系统地收集和分析工作信息；外部专家作为组织外部人员，对组织问题的分析更加客观、可信；外部专家往往具有在不同组织中实施工作分析的丰富经验。当然，外部专家对组织的具体工作业务缺乏全面深入的了解，他们将花费大量的时间去熟悉和研究工作业务，这可能影响工作分析的进程；同时，聘请外部专家会增加各个方面的费用；另外，外部专家进行调查时，被调查者的合作性可能较差。

组织内部的专业人员通常来自人力资源管理部门或业务流程部门。从组织内部选择工作分析人员时应该充分考察工作分析人员的条件。一般来说，工作分析人员应该具备的条件包括：具备人事管理和心理学方面的知识；了解工作分析的技术和程序；具有观察、面谈、记录、分析等方面的能力和技巧；具有包容性，能够获得他人的信赖与合作。

（2）工作分析涉及的其他人员

为建立组织的工作分析系统，需要得到组织方方面面的合作，其中，组织高层领导的重视是非常关键的。此外，工作任职者及其上级主管对工作信息的收集工作的支持也是必不可少的。

第一，工作任职者。工作任职者最了解工作的内容，有可能提供真实、完整、可靠的工作信息。当某个职位上的任职者数量较少时，一般会使用所有符合要求的任职者收集的工作信息；当某个职位上的任职者数量较多时，则需要对符合要求的任职者进行抽样，保证样本的有效性。

第二，任职者的上级主管。作为上级主管，他们有机会观察任职者，能够客观地提供工作信息。他们往往从任职者"应该如何做"的角度而不是"实际如何做"的角度来描述任职者的工作。因此，工作分析人员需要对他们所提供的信息进行鉴别。任职者的上级主管通常并不是主要的工作信息的来源，工作分析人员需要他们对已经收集来的工作信息进行检查与佐证。

3. 制订工作分析计划

在准备阶段，工作分析人员还应该制订一个详细的工作分析的计划，用以指导具体的分析工作。计划通常包括以下内容：

（1）界定分析对象和抽样方法。计划要说明分析工作职务的范围、它们的规范名称及非正式称谓，还要界定所要收集的信息类型和内容，界定抽样规模和抽样方法。

（2）确定信息收集的方法。计划应该说明所采用的具体分析方法，所使用的分析仪器、设备及其他辅助工具，还应该说明工作描述数据的统计分析方法。

（3）确定工作分析的步骤和起止时间。计划必须确定工作分析的步骤，规定各项工作的起始时间和完成时间。应该选择各种工作活动最典型、最稳定的时期进行分析，对不同工作的分析应尽可能地集中在同一时间进行，实际分析时间应尽可能集中。

（4）意外事件的处理措施。计划还应该提出各种可能发生的意外事件的处理措施。例如，部分样本损失时应该如何补救，原定的分析方法不适应分析要求时应该采取哪些替代方法，仪器设备发生故障时的应变措施，等等。

（二）信息收集阶段

信息收集阶段的主要任务是在前期准备的基础上，运用事先确定的信息收集的方法，收集职位的相关信息。

在信息收集阶段，必然要涉及大量的工作任职者和管理人员，赢得他们的支持是非常必要的。同时，对于获取信息的来源、途径和方法的考虑也非常重要。具体来说，在收集阶段要注意以下事项：

第一，定性信息与定量信息相结合。所有的有关工作职位的信息，既可以是定性的，也可以是定量的。定性的信息往往是可以用文字表达的项目，比如工作条件、环境要素、任职者的资格条件等。定量的信息则是通过数字表达的项目，如工作计量、工作日程、工作群体的人数等。更多的工作信息则需要定性与定量的结合。

第二，加强与有关人员的沟通。可以通过会议的形式，向有关人员进行必要的宣讲和动员，使有关人员了解工作分析的目的和意义，消除顾虑和压力，争取他们的支持与合作；同时，也应让他们了解工作分析的时间和进程，了解工作分析使用的方法以及需要的配合。这种沟通是信息收集工作有效进行的必要保证。

第三，与有关人员共同审查和确认工作信息。为了避免偏差，必须与工作任职者及其上级主管就所收集的信息进行核对、佐证和复查，以修正可能不准确的信息，同时也有助于工作任职者及其主管对工作分析结果的理解和认可，为他们今后实际使用工作分析结果奠定基础。

（三）整理分析阶段

在收集完与职位相关的信息之后，接下来的工作就是对所收集的信息进行整理和分析，通过整理和创造性地分析，发现有关工作和任职者的关键信息，进而归纳、总结出工作分析所需要的材料和要素，使之成为可以使用的管理文件。

整理分析的主要方法是鉴别和整序。鉴别是对工作信息的准确性、真实性和可行性进行分析，判断其误差的大小，以保证信息的真实可靠。鉴别的主要方法有核对、佐证、逻辑分析和复查。整序是把收集来的众多信息按照一定的标准和要求，进行归类整理，整序的主要方法是分类法。

（四）结果整合阶段

结果整合阶段也是工作分析的完成阶段。这一阶段的工作就是将分析的结果整理成书面的文件，形成工作分析的最终结果，即工作说明书和工作规范，以便在日后人力资源管理中使用。这种书面的文件通常有文字说明和图表说明两种形式。

二、工作分析的方法选择

（一）观察法

观察法是指分析人员从旁观察员工的工作活动，并用文字或图表形式记录下工作过程、行为、内容、特点、工具、环境等，然后进行分析与归纳总结。这种方法主要用来收集强调工人技能的那些工作信息，例如流水线上的作业工人所做的工作。

1. 观察法的优缺点

通过直接观察员工的工作，分析人员能够较全面和深入地了解工作要求，适用于那些工作内容主要是由身体活动来完成的工作。而且采用这种方法收集到的多为第一手资料，排除了主观因素的影响，比较客观和正确。但观察法也有其自身的缺点：首先，它不适用于工作周期较长和以脑力劳动为主的工作，如设计师、精算师的工作；其次，它不宜观察紧急而非常重要的工作，如急救护士的工作；最后，观察法工作量太大，要耗费大量的人力和财力，时间也过长。有关任职资格方面要求的信息，通过观察法也难以获得。此外，有些员工对观察法难以接受，因为他们会感到自己正在受到监视甚至威胁，所以会在内心对分析人员产生反感，同时也可能导致动作变形。因此，在使用观察法时，应将分析人员以适当的方式介绍给员工，便于分析人员被员工接受。

2. 观察法的使用原则

（1）被观察的员工的工作应相对稳定，即在一定时间内，工作内容、程序、对工作人员的要求等不会发生明显的变化。

（2）适用于大量标准化的、周期较短的工作，不适用于包含了许多难以测量的脑力活动的工作以及偶然发生的重要工作。

（3）不能只观察一名任职者的工作，应尽量多观察几名；同时，注意要选择有代表性的样本；观察人员尽可能不干扰被观察员工的工作。

（4）观察前要有详细的观察提纲，以使观察及时、全面、准确。

（二）面谈法

面谈法是工作分析中大量运用的一种方法。尽管它不如问卷调查法那样具有完善的结构，但是这种方法由于能面对面地交换信息，可以对对方的工作态度与工作动机等较深层次的内容有比较详细的了解，因此，它有问卷调查法无可替代的作用。工作分析专家与任职者面对面地谈话，主要围绕以下内容：①工作目标。组织为什么要设立这一工作，根据什么确定此工作的报酬。②工作内容。任职者在组织中有多大的作用，其行动对组织产生的后果有多大。③工作的性质与范围。这是面谈的核心，主要了解该工作在组织中的关系，其上下属职能关系，所需的一般技术知识、管理知识、人际关系知识、需要解决的问题的性质以及自主权。④所负的责任。涉及组织、战略决策、执行等方面。

面谈法还可以发挥其他作用：①核实调查问卷的内容，讨论填写不清楚之处；②了解工作人员的相互评价，例如主管对下属工作负荷、工作能力的评价，下属对主管的能力的评价；③详细讨论问卷中建议部分的内容，使之更具体。

从面谈中可以得到在职者以下四个方面的信息：工作目标，即组织为什么设置这个岗位，并根据什么予以报酬；工作范围，即工作在多大范围内进行，员工行为的最终结果是什么且如何度量；工作的性质；工作的责任目标。

面谈需要专门的技巧，工作分析专家一般都要经过专门的训练。另外，这种方法耗时很多，因此，其成本很高。面谈时应注意以下几点：①尊重被调查人，接待友好热情，态度要诚恳，用语要适当；②造成一种良好的气氛，使被调查者感到轻松愉快；③调查者应启发、引导，对重大问题，应尽量避免发表个人观点与看法。

（三）问卷调查法

问卷调查法是一种简便快捷地获取信息的方法。分析人员把标准化试卷发给员工，员工通过填写问卷来描述其工作中所包括的任务、职责、环境特征等方面的信息。

采用这一方法首先需要准备一份有效的调查问卷。分析人员应首先考虑好需要调查哪些方面的内容，如何在一张标准化的问卷中引导员工把真实情况描述出来。一般来讲，工作分析的调查问卷包括两种形式的问题，一种是指提出一些简单的开放性的问题让员工回答，例如"请你描述你的工作职责"之类的问题。另一种是在问卷中详细列出工作中可能出现的各种情况。然后让员工选择，注明他们在每一项上所花的时间以及重要程度。这两种不同的提问方式所获取的信息重点不尽相同，它们各有优缺点。在实际运用过程中，有效的调查问卷都是由这两种问题有机结合而成的。

问卷调查法的最大优点在于它能够快速地从一群员工中获取大量的有关工作的信息，尤其对于规模大的组织是一种非常有效的方法。但是，采用问卷调查法也有不足之处，主要表现在：一方面，设计一个好的问卷调查需要花费很多的时间和精力，特别是要确保员工明白每一个问题的意思是什么；另一方面，有时员工因缺乏表达能力，对工作的描述不够全面，也不够准确，甚至一些员工可能会夸大其任务的重要性，从而影响问卷调查的效果。

要使问卷调查取得好的效果，应注意以下五个方面：

第一，为保证调查的客观真实性，一定要让受调查者明确调查目的（并非用于对个人的业绩评估），让他们放心地反映真实情况。

第二，在填写问卷调查前与受调查者建立良好的合作关系，获得他们的支持。

第三，由于问卷通常比较长，受调查者在填写过程中会出现烦躁情绪，容易影响他们认真作答。主持人应及时提示并耐心地帮助，以确保质量。

第四，答过的问卷尽可能让人力资源管理专家和其直接主管认真审核，及时纠正偏差。

第五，工作分析人员对问卷统计结果进行审核、评估，尤其是针对同一职位但回答差异很大的项目需要进行商议，以取得统一意见。

第二节 人力资源战略分析

人力资源战略确定一个企业将如何进行人员管理以实现企业目标。人力资源战略是一种方向性的行动计划，是使人力资源管理与企业经营战略保持一致的手段，通过人力资源战略，管理人员与人力资源职能人员一起确定和解决企业中所有与人相关的问题。人力资源战略能够帮助企业确定组织竞争成功的关键问题，帮助管理人员确定如何实施人力资源管理以及各项人力工作实施的先后顺序。同时，人力资源战略是一种有效的黏合剂，能把企业所有的人力资源活动连在一起并使管理人员能够了解它们的意义。人力资源战略主要有以下作用：

首先，人力资源战略是企业战略的核心。目前的企业竞争中，人才是企业的核心资源，人力资源战略处于企业战略的核心地位。企业的发展取决于企业战略决策的制定，企业的战略决策基于企业的发展目标和行动方案的制订，而最终起决定作用的还是企业对高素质人才的拥有量。有效地利用与企业发展战略相适应的管理和专业技术人才，最大限度地发掘他们的才能，可以推动企业战略的实施，促进企业的飞跃发展。

其次，人力资源战略可提高企业的绩效。员工的工作绩效是企业效益的基本保障，企业绩效的实现是通过向顾客有效地提供企业的产品和服务体现出来的。而人力资源战略的重要目标之一就是实施对提高企业绩效有益的活动，并通过这些活动来发挥其对企业成功所做出的贡献。过去，人力资源管理是以活动为宗旨，主要考虑做什么，而不考虑成本和人力的需求；现在，经济发展正在从资源型经济向知识型经济过渡，企业人力资源管理也就必须实行战略性的转化。人力资源管理者必须把他们活动所产生的结果作为企业的成果，特别是作为人力资源投资的回报，使企业获得更多的利润。从企业战略上讲，人力资源管理作为一个战略杠杆能有效地影响公司的经营绩效。人力资源战略与企业经营战略结合，能有效推进企业的调整和优化，促进企业战略的成功实施。

再次，人力资源战略有利于企业扩展人力资本，形成持续的竞争优势。随着企业间竞争的日益白热化和经济全球化的不断深入，很难有哪个企业可以拥有长久不变的竞争优势，往往是企业创造出某种竞争优势后，经过不长的时间被竞争对手所模仿，从而失去优势。然而，优秀的人力资源所形成的竞争优势却很难被其他企业所模仿。所以，正确的人力资源战略对企业保持持续的竞争优势具有重要意义。人力资源战略的目标就是不断增强企业的人力资本总和。扩展人力资本，利用企业内部所有员工的才能吸引外部的优秀人才，是企业战略的一部分。人力资源工作就是要保证各个工作岗位所需人员的供给，保证这些人员具有其岗位所需的技能，即通过培训和开发来缩短及消除企业各职位所要求的技能和员工所具有的能力之间的差距。当然，还可以通过设计与企业的战略目标相一致的薪酬系统、福利计划，提供更多的培训，为员工设计职业生涯计划等来增强企业人力资本的竞争力，达到扩展人力资本、形成持续的竞争优势的目的。

最后，人力资源战略对企业管理工作具有指导作用。人力资源战略可以帮助企业根据市场环境变化与人力资源管理自身的发展，建立适合本企业特点的人力资源管理方法。例如，根据市场变化确定人力资源的长远供需计划；根据员工期望，建立与企业实际相适应的激励制度；用更科学、先进、合理的方法降低人力成本；根据科学技术的发展趋势，有针对性地对员工进行培训与开发，提高员工的适应能力，以适应未来科学技术发展的要求；等等。一个适合企业自身发展的人力资源战略，可以提升企业人力资源管理水平，提高人力资源质量；可以指导企业的人才建设和人力资源配置，从而使人才效益最大化，将人力资源由社会性资源转变成企业性资源，最终转化为企业的现实劳动力。

第三节　人力资源规划及其执行

为了保证整个系统正常运转，发挥其应有的作用，必须做好计划。人力资源管理的计划是通过人力资源规划这一职能实现的，因此人力资源规划是人力资源管理的基础。人力资源规划是人力资源管理的起点，是公司战略与整体人力资源管理职能之间联系的桥梁。随着市场竞争的加剧和企业的不断发展壮大，企业能否做好人力资源规划并进行有效实施，将成为企业能否保持人才竞争优势、实现企业战略目标和稳健发展的关键所在。

一、人力资源规划的含义理解

人力资源规划一般关注以下问题：当前的经营战略对人力资源方面有什么启示？大量的员工退休对公司发展有什么影响？应届毕业生数量增加或减少对企业的影响如何？这对员工招聘、培训开发、薪酬以及管理层继任方面有什么启示？如何使短期计划能为长期的人力资源战略服务？人力资源规划必须与组织的人力资源战略相一致，而人力资源战略又必须与整体经营战略相一致。那么到底什么是人力资源规划呢？

人力资源规划是指为了实施企业的发展战略和完成企业的生产经营目标，根据企业内外环境和条件的变化，运用科学的方法对企业人力资源需求和供给进行预测，制定相应的政策和措施，从而使企业人力资源供给和需求达到平衡的过程。简单地说，"人力资源规划是指对人力资源供需进行预测，并通过各种方法使之平衡的过程。"①这个定义包括以下五层含义：

第一，人力资源规划是以组织的发展战略目标为依据的，只要组织的战略目标发生变化，那么企业的人力资源规划也会相应地发生改变。所以，组织的发展战略目标是企业人力资源规划的基础，人力资源规划是企业实现其战略目标的重要支撑。

第二，组织外部环境中政治、法律、经济、技术、文化等一系列因素处于不断变化的过程中，因此企业的人力资源状况也在不断地改变，这需要对组织的发展战略进行调整。战略目标的变化又会引起组织内外人力资源供需的变化，人力资源规划就是要对企业的人力资源状况进行分析预测，确保组织在短期、中期和长期对人力资源的需求。

第三，人力资源规划是要将组织的人力资源战略转化为可实施的人力资源措施和政策的过程，从而实现组织对人力资源的需求。人力资源政策和措施要正确、明晰，如对内部人员调动补缺、晋升或降职、外部招聘、开发培训以及相应的人力资源投资等要有切实可行的措施来保证，这样才能在实施的过程中有据可依，保证人力资源规划的实现。

第四，人力资源规划是要使组织和个人得到长期的利益。也就是说，企业的人力资源规划要为组织及员工创造良好的条件，充分发挥组织中每一个员工的主观能动性，调动其工作的积极性，不但使每一个员工不断提高自身的能力、素质及工作效率，还能从组织全局的角度提高组织的效率，尽快实现组织的目标。

第五，人力资源规划要注意实现员工的目标。人力资源规划以实现组织的长远利益为主，但也需要关注组织中每一个人在物质、精神和业务发展等方面的需求，并在实现组织目标的过程中实现员工的目标。

通过人力资源规划，我们要能够回答或解决以下三个问题：第一，在某个特定的时期内，企业对人力资源的需求是什么，即企业需要多少人员，这些人员需要具备什么能力，以及他们的结构组成是什么样的。第二，企业在一个特定的时间范围内有多少人力资源供给，供给的人力资源类别、层次与企业的人力资源需求是否一致。第三，在一段时期内，企业人力资源需求与供给比较的结果是什么，差距在哪里，以及如何实现人力资源供需的平衡和能够采用哪些方法。

上述三个问题就是人力资源规划的三个基本要素，涵盖了人力资源规划的主要内容。企业只要能够明确回答这三个问题，那么该企业的人力资源规划的主要内容也就基本完成了。

---

① 陈树文，乔坤. 人力资源管理 [M]. 北京：清华大学出版社，2010：94.

二、人力资源规划的内容解析

（一）人力资源规划的主要内容

人力资源规划是运作人力资源管理系统的前提，是人力资源管理各子系统重大关系决策的依据，它主要包括人力资源数量规划、人力资源结构规划和人力资源素质规划。

1. 人力资源数量规划

人力资源数量规划是指根据企业战略和未来业务规模、业务流程、地域分布、产品线、历史经营统计数据等各因素，确定未来企业各级组织人力资源编制，包括各职类、职能人员数量以及人力成本（薪酬、福利、培训）。人力资源数量规划主要包括人力资源需求预测、人力资源增量预测和人力资源存量预测。

（1）人力资源需求预测

人力资源需求预测主要是从社会经济的发展和科学技术的进步对不同层次和不同类型的人力资源所产生的需求出发，分析社会或企业对人力资源的需求状况。由于企业所处的内外部环境不断变化，这使得企业需要根据社会环境和经济发展的变化确定企业的人力资源需求，所以，企业的人力资源需求在数量和结构上都处于不断变化的过程中。

（2）人力资源增量预测

不同层次的人力资源供给状况与社会的教育培训能力有密切的关系，所以人力资源增量预测在一定程度上是社会教育培训系统对不同层次人力资源培养能力的一种检验。人力资源增量预测能够反映出在一定时间内全社会新增人力资源的可能数量，并通过与人力资源新增需求比较，找出未来供需之间存在的可能差距，从而得出对不同层次人力资源供需协调进行动态调整的信息。通过人力资源增量预测，可揭示出教育培训系统如何根据社会经济发展需求调整专业布局和学科结构，当科技发展和产业结构发生变化，需要补充新的不同层次的人力资源时，能及时提供所需的各类人力资源。

（3）人力资源存量预测

人力资源存量预测是对未来可能拥有的不同层次的人力资源数量进行预测。不同层次的人力资源状况随着时间的推移而自然地、连续地发生着补充、减员、专业转移、行业变动以及自然流动等一系列变化。不同时期、不同层次的人力资源存量预测就是反映人力资源的这种动态演变和发展过程的。通过人力资源存量的增减演变分析，即可预测出给定目标年度可能拥有的不同层次人力资源存量，并将其与人力资源需求情况进行比较，可以得到人力资源总体供需之间的差距。

人力资源数量规划主要解决企业人力资源配置标准的问题，它为企业未来的人力资源发展提供依据和方向。但是，在具体操作时，企业人力资源现状与人力资源数量规划所提供的标准会有一定的差距，这就是企业人力资源部门下一步需要解决的问题。

2. 人力资源结构规划

人力资源结构规划在很大程度上取决于社会经济结构，社会经济结构调整必然会引发人力资源结构的变化。我们在进行人力资源规划时，不仅要对未来一段时间内不同层次人力资源的数量和质量进行预测，还要对不同层次人力资源的结构是否合理做出预测，从而解决和回答随着社会经济发展以及产业结构的调整，人力资源要如何调整，需要培养和补充哪个层次、哪种人力资源等问题。

不同层次的人力资源结构不仅要反映社会经济各个行业和各个部门的人力资源层次分布与需求特点，还要对各个行业和各个部门的岗位用人要求、学历层次选择，以及人力资源结构的最佳群体组合等进行分析和预测，以避免出现不同层次人力资源组合的不配套或结构及比例失调等状况。

通过人力资源结构分析可以确定不同层次各种职种在企业价值创造中的贡献系数，作为企业薪酬发放和晋升等人力资源政策的依据，然后根据各职种的贡献合理配置企业的人力资源。

3. 人力资源素质规划

人力资源素质规划是依据企业战略、业务模式、业务流程和组织对员工行为要求，设计各职种、职层人员的任职资格要求，包括素质模型、行为能力及行为标准等。人力资源素质规划是企业开展招聘、培训开发、薪酬激励的基础和前提条件。

人力资源素质规划主要有两种表现形式，分别是任职资格标准和素质模型。任职资格标准主要反映企业战略及组织运行方式对各职类、职种、职层人员的任职行为能力要求；素质模型则反映各职类、职种、职层需要何种行为特征的人才能满足任职所需的行为能力要求。

人力资源素质主要指企业员工受教育的程度及所受的培训状况。一般而言，受教育程度与培训程度的高低可显示工作知识的多寡和工作能力的高低，任何企业都希望能提高工作人员的素质，以期望人员能对组织做出更大的贡献。但事实上，人员受教育程度与培训程度的高低，应以满足工作需要为前提。因此，为了达到适才适用的目的，人员素质必须与企业的工作现状相匹配。管理层在提高人员素质的同时，也应该积极提高人员的工作效率，以人员创造工作，以工作发展人员，通过人与工作的发展，促进企业的壮大。但是员工的受教育与培训程度只能代表人员能力的一部分，在一个企业及组织中，不难发现一部分人员的能力不足，不能满足岗位的要求，而另外一部分人员则能力有余，未能充分利用，造成资源的闲置，换句话说，就是员工的能力素质与工作的需求不匹配。解决这种问题的方法有以下三种：

（1）变更职务的工作内容。减少某一职务、职位的工作内容及责任，而转由别的职务人员来承接。

（2）改变及强化现职人员。运用培训或协助方式，来强化现职人员的工作能力。

（3）改变现职人员的职位。如果上述两种方法仍无法达到期望时，表示现职人员不能胜任此职位，因此应予以调动。

但是在实施这三种方法时企业需要考虑到该调整是否会影响到员工的士气，培训对员工能力是否会有提高，提高的程度是多少，情况是否紧急到需要立即实施，这个职位和其他职位的相关性程度，是否会影响其他职位的工作效率，等等。当企业员工整体的任职能力和素质不断提高时，员工的适岗率也将提高，表示企业员工的职业化程度在提高。当企业员工的整体素质、认知能力提高到一定程度时，企业则可适当减少工作人员数量，组织结构和业务流程也可以得到相应简化。

（二）人力资源规划内容的形式

人力资源数量规划、结构规划以及素质规划是人力资源规划的主要内容，但是在执行时需要将它们转化为具体的接替晋升计划、人员补充计划、素质提升计划、退休解聘计划等。

1. 接替晋升计划

人力资源晋升计划是将员工放在能使其发挥作用的工作岗位上，从而调动员工的工作积极性并以最低的成本使用人力资源，使员工能够寻找到最能发挥自己作用的工作岗位，以满足个人激励的需要。通过员工的晋升，使得员工在发挥自己才能的同时获得相应的利益的提升，同时员工所需要承担的责任和面临的挑战也会随之增加。责任和挑战的增加与员工自我实现的结合，能提高员工的工作积极性，企业能用较小的人力资源投资获得最大的回报。

员工晋升计划其实是组织晋升政策的一种表达方式，根据企业的人员分布状况和层次结构，拟定人员的晋升政策，对于企业来说，将有能力的员工提升到相应的职位可以满足职务对人的要求；对于员工来说，晋升计划使员工的工作挑战性增加，同时会增加员工工作的积极性以及更好地实现自我。晋升计划主要由晋升时间、晋升比率、平均年资等指标来表达，指标改变其实表示晋升机会也在改变，这会对员工的心理产生不同的影响，从而影响工作态度和积极性。因此，企业在确定人力资源晋升计划时应十分谨慎，将各种影响因素都考虑到，比如员工的资历、工作成绩、未来发展潜力、企业的岗位需求等。对于不同的岗位，各种因素的影响程度也不一样，普通岗位更多考虑的是资历因素，而关键岗位更多考虑的是员工的工作成绩以及潜力因素。

人力资源晋升计划对不同的晋升对象和晋升职位一般采用不同的晋升方式，其主要的晋升方式主要有以下四种：

第一，功绩晋升制。这种晋升方式本着公平、公正的原则，以工作成绩的大小作为晋升的标准。但是这种制度会造成有些员工在本职岗位上做出突出贡献，但是调往管理领导岗位或其他的业务部门后，由于不熟悉相应的业务工作造成关键岗位缺乏合适的人员，影响企业的正常运作和发展。

第二，越级晋升制。这种方式适用于对关键人员的提升，一般很少采用。它是对有特殊贡献或才能的员工，不受资历、学历等条件的限制，越级予以提升，这种晋升方式仍以员工的工作成绩作为主要依据。

第三，年资晋升制。这是将工作人员参加工作的时间长短和资格的深浅作为晋升的主要标准。一个员工即便能力或绩效再好，如果年资不够或之前有更资深的人，也还是无法获得晋升。采用这种方法的企业认为员工的业务能力水平、技术熟练程度、对本单位所做的贡献都与工作年限成正比。因此，工资应逐年增加，并得到相应的晋升机会。这种方法的优点是：标准明确，简单易行，可以避免由于领导者个人的好恶或亲疏而产生的晋升不当现象，给工作人员以安全保障感。所以，现在仍有些企业在采用这种方式。但是它也有缺点：首先，年资与工作成绩及能力并不一定成正比，资历只表明人的经历的一般自然情况，它只是一个时间指数的笼统概念。正常的情况是经历越长的，人生的经验越丰富。但归根结底，资历本身不是才能与贡献的象征，当然，它也就不能成为衡量才能大小、智慧高低的唯一标尺。因此，根据年资选拔的晋升者，不论从工作成绩上看，还是从能力上看，都未必是最佳人选，这种方式不利于人才的选拔。其次，年资晋升既不利于吸收外单位的人才，也无助于留住本单位的人才，还会造成不求无功、但求无过、坐熬年头的消极心理。

第四，考试晋升制。这种晋升制度的主要依据是企业组织的各种考试成绩，员工有同等的晋升机会，因此该制度的优点是公平考试、择优录取，能为一个员工提供晋升机会。缺点是理论和实践脱离，考试成绩好的员工未必能在工作中发挥出色，而工作表现优秀的员工很可能在考试中发挥不出来。因此这种方法适用于低层次的人力资源的晋升。

2. 人员补充计划

人员补充计划是在诸如组织规模扩大及原有人员的退休、离职等原因的影响下，使组织中出现新的或空缺的职位，这就需要组织制定必要的政策和措施，以保证在出现空缺时能及时地获得所需数量和质量的人员。人员补充计划和其他计划配合使用则可以改善企业人力资源结构不合理的情况，其实晋升计划也是一种补充计划，只不过它是一种企业部门员工由低层向高层的补充活动，使职位空缺向低层转移，最后累积到低层次的人员需求上。

企业的人力资源补充主要有三种类型，即内部选拔、个别补充和公开招聘。由于各种方法的特点不同，因此适用于不同的情况，在实施过程中应结合须补充的人力资源类型、技能等级、人数、补充时间等因素。

内部选拔是人力资源补充的一种特殊形式，适用于企业人力资源需要补充的数量不多的情况。这种方法的优点是费用较低、手续简便、对被选拔者情况熟悉，容易完成人员的选拔补充。主要有内部提升和内部调动两种方式，内部提升即前面所提到的晋升，内部调动则是从企业内部同层次的员工中选择合适的人员补充到该岗位上，但是这种方法很可能会影响员工工作的积极性，所以在调动前须取得被调动者的同意，这样才有利于其之后工作的开展。

个别补充适用于企业所需人力资源数量较少的情况下，并且大多处于关键岗位，缺一不可，可通过职业介绍所或猎头公司介绍，这种方法针对性强，聘用人员可以立刻上岗并发挥作用，但是成本较高，并且不利于调动企业内部员工的积极性。

公开招聘的方式是向企业内外部的人员公开宣布人员招聘计划，为所有人员提供一个公平竞争的机会，择优录取合格的人员担任企业内部职务。

3. 素质提升计划

素质提升计划的目的是通过培训开发提高员工的素质和能力，使员工更好地适应正从事的工作，同时也为企业未来发展所需的职位事先准备人员。企业人力资源培训计划、晋升计划、补充计划、调配规划与员工的职业生涯发展规划密切相关，不是为了培训而培训，造成培训的目的性和针对性不强，同时使员工缺乏培训的积极性，使企业投入培训成本后没有相应的培训回报。因此，企业的培训计划应与其他计划相结合，使员工能够感受到培训对个人发展所带来的好处，从而提高员工培训的积极性，也能使企业的投资带来更好的投资回报。

4. 退休解聘计划

企业每年都会有一些人因为达到退休年龄或合同期满、企业不再续聘等原因而离开企业。在经济不景气、人员过剩时，有的企业还可能采取提前退休、买断工龄甚至解聘等特殊手段裁撤冗员，因此企业需要根据经营情况和人员状况提前做好计划。退休解聘计划是达到退休标准人员和不合格人员有计划离开组织，从而使组织的人员结构更优、更合理的规划，可分为退休计划和解聘计划。

退休计划是最易预测和执行的计划，大多数企业按照规章制度操作即可，很少给予足够重视。不同行业、不同工种的退休年龄也不同，企业在制订退休计划时应在符合相应规定的前提下，对已经过了退休年龄但仍愿意继续工作的员工采用特殊的政策或其他方式让他们继续为企业做贡献。

解聘计划与退休计划一样，都是关心人员如何向外部流动，但是解聘计划要更加谨慎，在没有一个合理理由的情况，将任何一个员工列入解聘计划都会招来非议。因此，企业在决定解聘员工时，应按照相应的解聘标准执行，这样不但可以顺利裁员，还能获得员工的支持。解聘标准主要包括法律标准、工作绩效标准、工作能力标准、工作态度标准四个方面。企业的解聘标准不得出现任何违背法律、法规的条款。而衡量一个员工是否合格，最主要的标准就是员工的工作绩效，工作绩效不符合最低标准的员工就会成为企业的解聘对象。工作绩效与工作能力和工作态度相关，工作能力可通过工作经历、工作能力测试、培训经历等指标进行衡量，而工作态度却难以测量并且受企业制度及领导态度的影响，因此当发现员工工作态度差的现象时，企业的主要任务不是解雇员工，而是应寻找出根本原因进行改进。

三、人力资源规划的执行

（一）人力资源规划执行的步骤

执行人力资源规划是最后一个十分重要的环节，如果企业的规划做得十分理想，但是没有按照规划执行或在执行的过程中出现了问题，那么企业的人力资源规划就会前功尽弃，起不到相应的作用。人力资源规划的执行主要包括以下四个步骤：

1. 实施

人力资源规划的实施是执行人力资源规划最重要的一个步骤，在实施过程中应完全按照人力资源规划执行，同时在实施规划之前需要做好相应的各种准备工作，最后要全力以赴努力完成规划的内容。

2. 检查

检查是人力资源规划执行过程中不可缺少的步骤，如果没有检查就会使人力资源规划的实施流于形式，只是走过场，使实施缺少必要的压力，从而产生各种问题。检查者最好是实施者的上级，或者是平级的员工，但是不能是实施者本人或实施者下级，这样会使检查不能深入实施的过程中，导致检查没有相应的意义。

检查前，首先要列出检查提纲，明确检查目的与检查内容。检查时，检查者要根据提纲逐条检查，千万不要随心所欲或敷衍了事。检查后，检查者要及时地、真实地向实施者沟通检查结果，以利于激励实施者，使之以后更好地实施项目。

3. 反馈

反馈是执行人力资源规划不可缺少的步骤，通过反馈，可以清楚地知道人力资源规划中存在的问题，什么地方不够准确，哪里需要加强，哪些不符合实际情况，哪些是在以后的规划中可以借鉴的成功经验等，使企业了解更多人力资源规划的重要信息。

4. 修正

修正是人力资源规划的最后一步，在收到人力资源规划的反馈信息后，应根据反馈上来的问题，及时组织人员修正原规划中不正确的内容，使规划与实际环境、企业的发展相适应。但是在修正的过程中需要注意的是，如果只是修正规划中的一些小的项目或局部内容，涉及的面不会太大；如果要对人力资源规划中一些大的项目，或对原规划中的许多项目进行修正，或者对预算做较大的修正，往往要经过最高管理层的同意后才能进行。

（二）人力资源规划的执行者

企业人力资源的相关工作，诸如招聘、培训开发、薪酬福利设计、绩效考核等工作大多由人力资源部门负责，但是随着现代企业对人力资源部门工作要求和期待的提升，人力资源部门发挥了越来越重要的作用，从传统企业中单纯的人事方面的行政管理部门逐步转变为企业管理的战略合作伙伴。同样，人力资源管理方面的工作也不只是人力资源部门的工作，而是各层管理者的责任，因此，人力资源规划的执行者是人力资源部门以及企业中各部门管理者。企业人力资源规划的基础是晋升计划、人员补充计划、素质提升计划、退休解聘计划等，而这些计划需各部门管理者将本部门各种计划层层汇总到人力资源部门，再由人力资源管理者依据人力资源战略分析、制订出来的。并且企业的人力资源规划的执行也需要其他各个部门的配合才能开展，因此需要一个健全的专职部门来推动。主要有以下三种形式：第一，由人力资源部门负责，其他部门与其配合；第二，由某个具有部分人事职能的部门与人力资源部门协同负责；第三，由各部门选出代表组成跨职能团体负责。

在执行的过程中各部门必须通力合作而不是仅靠负责规划的部门推动，各部门应齐心协力保证规划的实施。

第三章　员工的招聘、培训与发展探究

第一节　员工的招聘与甄选

员工是企业生产经营活动开展的重要基础，在人力资源管理中对人员的招聘和培训工作要格外的重视。

一、员工招聘的意义及方法

员工招聘工作的基础是人力资源规划与工作分析。人力资源规划对企业人力资源需求和供应进行分析和预测，为招聘提供了"量"的要求，从而确定配备、补充或晋升的规模。工作分析主要分析组织中该岗位的职责、工作任务、工作关系等，以及什么样素质的人才能胜任这一岗位，即任职资格。它为招聘提供了"质"的要求，从而明确谁适合该岗位。因此，人力资源规划的结果能够确定组织究竟缺哪些岗位，而岗位/工作分析的结果，能够使管理者了解什么样的人应该被招聘进来填补这些空缺。

员工招聘实际上主要包括两个相对独立的过程，即招募和甄选（选拔）。招募主要是通过宣传来扩大影响，树立企业形象达到吸引人应聘的目的；而甄选则是使用各种技术测评手段与选拔方法挑选合适员工的过程。

（一）员工招聘的意义

招聘是在合适的时间为合适的岗位寻找到合适的人选，由于员工流动、人岗匹配度及组织业务变更等多重问题，招聘工作从没停止过。

第一，补充人员，保证企业正常经营。招聘活动最主要的作用就是通过一系列活动为组织获得所需要的人力资源。在人力资源规划中，人力资源短缺的重要解决办法就是招聘。并且，随着组织的不断发展壮大，对更新人力资源和新增人力资源的需求都必然继续产生。因此，通过招聘满足组织的人力资源需求已经成为十分重要的人力资源管理活动。当前，有些企业的人力资源部门日常的主要工作就是招聘。

第二，获取高质量的人才，提升组织竞争力。现代企业的成功更多地依赖于管理公司商业运作员工的质量与能力，这意味着企业拥有员工的质量在绝大程度上决定着企业在市场竞争中的地位。招聘工作就是企业通过甄别、筛选，最后获得高质量人才的最佳途径。有效的招聘工作，不仅有助于企业经营目标的实现，还能加快人才集聚，打造企业核心竞争力。

第三，促进组织人力资源的合理流动。组织的招聘活动不仅可以为组织获取合适的人力资源，同时可以通过内部招聘活动解决组织员工晋升及横向流动问题，促进组织人力资源合理流动，提高人岗匹配度。

第四，宣传企业，树立企业形象。员工招聘过程中所运用的大量招聘广告，能使外界更多地了解组织，从而提高组织的知名度。也正因为员工招聘广告有此功能，所以许多组织打出招聘广告，并在其中不失时机地宣传本组织。组织利用招聘活动提高企业及企业产品的知名度与美誉度。

员工招聘其实就是为企业中的空缺职位寻找合适工作人员的过程。事实上，员工招聘的实质是为了让那些具有实力与能力的潜在合格人员对空缺的岗位产生兴趣并主动前来报名应聘。

（二）员工招聘的方法

员工招聘一般可分为内部招聘和外部招聘两大类。

1. 内部招聘

（1）内部招聘的源头

进行内部招聘的源头从形式上说一般分为四种：一是下级的员工，他们通过晋升的方法来获取相关岗位；二是相同职位的员工，他们通过工作调动或者轮换的方式完成岗位的填补；三是上级的员工，一般通过降低职位来填补空缺岗位；四是临时工转正。不过在实际的内部招聘方式中，很少会用到第三种方式，所以最主要的还是一、二、四这三种方式。使用晋升的方式来填补职位空缺，有利于调动员工的积极性并有助于其个人的发展；工作调换就是在相同或相近级别的职位间进行人员的调动来填补职位空缺，当这种调动发生不止一次时，就形成了工作轮换，这种方式有助于员工掌握多种技能，提高他们的工作兴趣，但是不利于员工掌握某一职位的深度技能，会影响工作的专业性；临时工转正的方式也不失为一种很好的选择，但是要注意避免过度使用不成熟人才现象的发生。

（2）内部招聘的方法

员工内部招聘的方法主要有两种：

一是工作公告法。这种招聘方式是最为常见的内部招聘法。这种方式一般会向职员公告出空缺的岗位，最终吸引职员来填补空缺的岗位。在公告中要有空缺岗位的相关信息，比如工作内容、资历要求、职位要求、工作时长和薪资待遇等。在发布工作公告的时候还应该考虑到，公告的出现位置应该在较为显眼的地方，让每一个企业员工都能看到公告；公告滞留的时间要在一个月左右，让外出出差的工作人员也能及时了解到相关信息；凡是申请了职位的工作人员都能收到回馈信息。

二是档案记录法。一般企业的人力资源部都会有每一个员工的资料简历，里面包含了员工的教育、专业技能、工作经验、成绩和指标等信息，而企业的高管人员就可以通过这些信息鉴别出符合岗位要求的职员。运用这种方法进行招聘的时候，要考虑以下问题：一是员工的档案资料必须都是真实有依据、覆盖面广且比较详细的，由此才有可能甄选出高素质的人才；二是遴选出相关人员之后，要考虑本人的意见和想法，看其是否有调配的意愿。

随着时代的发展，各项技术逐渐成熟，越来越多的企业有了相关的人力资源信息部门，对职员个人信息的管理也越来越规范，所以档案记录法的招聘成果和效益会逐渐提高。

2. 外部招聘

（1）外部招聘的来源

相比内部招聘，外部招聘的来源相对就比较多，主要有以下来源：

一是学校。学校是企业招聘初级岗位的重要来源，在中学和职业学校可以招聘办事员和其他初级操作性员工，在大学里则可以招聘潜在的专业人员、技术人员和管理人员。由于学生没有任何工作经验，因此让他们接受企业的理念和文化相对比较容易。

二是竞争者和不同公司。一些要求具备一定工作经验的岗位，同行业的竞争者和其他的公司无疑是最重要的招聘源头。美国的工人大概有5%都在寻找新的工作和面对岗位的改变；经理和专业人员在五年内的其中一个职位会发生改变。此外，从这一来源进行招聘也是企业相互竞争的一种重要手段。

三是失业者。失业者也是企业招聘的一个重要来源，由于失业者经历过失去工作的痛苦，因此当他们重新就业后会更加珍惜现有的工作机会，工作努力程度比较高，对企业的归属感也比较强。

四是老年群体。包括退休员工在内的老年群体也构成了一个宝贵的招聘来源。虽然老年人的体力可能有所下降，但是他们具有年轻人不具备的工作经验。由于老年人的生活压力比较小，因此他们对薪资待遇的要求并不是很高，这些对企业都非常有利。

五是退役军人。由于退役军人有真实的工作历史，个人品质可靠，具有灵活、目标明确、纪律性强以及身体健康等特点，因此对企业来说也是非常重要的一个来源。

（2）外部招聘的方法

一般而言，外部招聘的方法主要如下：

第一，发布招聘广告。在实施外部招聘时，需要把企业的招聘信息以合适、合理的方式发布出去，以招聘广告的形式展现在可能的申请者面前。这就如同市场营销中的营销广告一样，它直接决定有多少人会来应聘。而这也是招聘阶段非常关键的工作，它的成败直接决定了整个招聘与甄选的可选择范围。所以，在招聘与甄选工作中一定要重视招聘广告的制作和投放。

第二，借助职业介绍机构。我国劳动力市场上出现了很多职业介绍机构，既有劳动部门开办的，也有一些私营的职业介绍机构。这些机构为用人单位与求职者之间搭建了一个很好的桥梁，为用人单位推荐求职者，为求职者推荐工作。很多劳动部门开办的职业介绍机构也定期举办一些人才交流会和招聘会，为企业招聘人才提供了很好的平台。

第三，推荐招聘。推荐招聘就是指通过企业的员工、客户或者合作伙伴的推荐来进行招聘，这也是外部招聘的一种重要方法。这种招聘方法的好处是招聘的成本比较低；推荐人对应聘人员比较了解；应聘人员一旦录用，离职率比较低。它的缺点是容易在企业内部形成非正式的小团体；如果不加控制，会出现任人唯亲的现象；由于推荐的应聘人员不可能太多，因此甄选的范围比较小。

第四，网上招聘。网上招聘也叫作线上招聘和电子招聘，是通过互联网平台开展招聘活动，包含了职位需求的发布、整理简历资料、线上面试、线上评估等步骤。这是对传统招聘流程的一种复制，并且通过线上招聘，整个招聘流程具有互动性，没有地域的限制和具备了远程控制的能力，更有利于人才的招揽，给招聘的方式带来了全新的局面。

近几年，通过网络选聘人才的企业数量和人才招聘网站访问次数大幅度持续增长，互联网已经成为单位招聘和人才求职的主要渠道，与传统的人才市场并驾齐驱成为人才供求的集散地。用人单位和毕业生双方在互联网上都可以进行简便快捷的交流和洽谈，不必再奔波于传统的就业市场，大大减少了中间环节，降低了用人单位的招聘成本和毕业生的求职成本，低成本、高回报的网上就业市场成为单位和毕业生招聘求职的首选渠道。

二、员工甄选的过程

招聘中的员工甄选（Screening）是指综合利用心理学、管理学和人才学等理论、方法和技术，对候选人的任职资格和对工作的胜任程度进行系统的、客观的测量、评价和判断，从而做出录用决策。候选人的任职资格和对工作的胜任程度主要包括与工作相关的知识和技能、能力水平及倾向、个性特点和行为特征、职业发展取向和工作经验等。

员工甄选的一般过程如下：

（一）测试

测试应根据岗位的不同要求进行设计和取舍，通过对应聘者施以不同的测试，可以就他们的知识、能力、个性品质、职业方向、动机和需求等方面加以评定，从中选出优良者进入到面试候选人范围。测试有许多类型，我们可以从内容和形式上来划分测试类型。

1. 智力测试

智力就是指人类学习和适应环境的能力。智力测试就是对一个人的学习能力、思维能力和适应环境的能力进行测验，也称为认知能力测试。智力测试分为两类：一般智力（一般推理能力）测试和特定智力（如记忆和归纳推理）测试。

智力包括观察能力、记忆能力、想象能力、思维能力等。智力的高低直接影响到一个人在社会上能否成功。智力的高低以智商IQ来表示，正常人的IQ在90～109之间；110～119是中上水平；120～139是优秀水平；140以上是非常优秀水平；而80～89是中下水平；70～79是临界状态水平；69以下是智力缺陷。

通常智商比较高的人，学习能力也比较强，但这两者之间不一定完全正相关。因为智商还包括社会适应能力，有些人学习能力强，他的社会适应能力并不强。企业招聘中运用智力测验，可以了解一个人的基本水平，但并不就是说智商高就适合做所有的工作。在一个组织中，所有的人智商都很高，往往容易产生矛盾，很难协调。而国外的研究也发现，如果智商太高（140以上），有时并不适合担任管理工作。

2. 个性和兴趣测验

个体的智力和身体能力不足以解释个体的工作绩效，相反，其他诸如个体动机和人际技能等的因素也很重要。个性和兴趣有时就被当作可能的预测因子而作为测试中的考察对象。

（1）个性测试

个性是指一个人比较稳定的心理活动特点的总和。它是一个人能否施展才能，有效完成工作的基础，某个人的个性缺陷会使其所拥有的才能和能力大打折扣。个性测试可以测量候选人个性的基本方面，例如内向性、稳定性、动机等。

个性测试的方法有多种，大多数是投射性的。比如，在测试中给受测者提供一个诸如墨迹或云状图画的模糊刺激。受测者被要求对此进行解释或反应。由于图画是模糊的，受测者的解释必然来自自身内部而被投射。个体在想象中将自己关于生活的情感态度投射到图画中。个性测试（尤其投射测试）较难评价和使用，而且个性测试也不如其他类型测试的作用大，其主要特征是可靠性和有效性较低，由于一些个性测试强调主观解释，所以需要专业的心理学家从事测试工作。

由于个性包括性格、兴趣、爱好、气质、价值观等，因此我们不能希望通过一次测试或者一种测试，就把人的所有个性都了解清楚，而是分别进行测试了解，以准确、全面地了解一个人的整体个性。在招聘中可通过个性测验，了解一个人个性的某一方面，再结合其他指标来考虑他适合担任哪些工作。

（2）兴趣测试

职业兴趣测试可以表明一个人最感兴趣的并最可能从中得到满足的工作是什么，该测试是将应聘者的个人兴趣同各种在某项工作中成功员工的兴趣做比较，来判断应聘者适合做什么工作。兴趣测试有多种用途，最典型的就是用来进行员工的职业生涯设计，因为一个人总是能把自己最感兴趣的事情做得更好。如果企业能选择那些与现职成功的雇员兴趣类似的候选人，那么这些候选人很可能在新岗位上也能取得成功。

3. 成就测试

成就测试基本上是对个人习得的测量。比如，你在学校里参加的测验大多是成就测验。它们测量你在经济学、市场营销或人事等学科领域已掌握的知识。成就测试在招聘甄选中也有广泛运用，例如机械师和机器操作员测试常用来测量熟练机械师的工作知识。还有用于电工、焊工等的测试。成就测试也可测量候选人的能力，打字测试就是一例。

4. 运动和身体能力测验

运动能力测验主要用于对一个人进行协调性和敏捷性测试，包括运动反映的速度，手指灵巧性，手臂运动速度、反应时间、协调性和其他身体动作方面的特征。这种测试大多数是仪器操作测试，主要应用于工业和军事领域的人员选拔上。它们通常是为某些特殊的工种专门编制，测验要部分或全部再现工作本身所需要的运动。包括斯特隆伯格敏捷性测试、克劳福德小零件灵巧性测试、明尼苏达操作速度测试、麦夸里机械能力测验、普度拼版测试和奥康纳手指及镊子灵活试验等。

（二）面试

1. 面试的主要类型

（1）结构化面试。在结构化面试中，主试者要提前准备好问题和各种可能的答案，主试者可以根据被试者的回答迅速对应征者做出不理想、一般、良好或优异等各种简洁的结论。相对于其他面试，结构化面试可以减少面试中的随意性，得到的系统结果可用来对申请人的适合程度进行评估，很多主试者还能够灵活运用结构化面试问卷来发现重要的问题。

（2）非结构化面试。在非结构化面试中，主试者可以向其随机提问一些想到的问题。但作为主试者，必须掌握组织空缺职位的基本情况。面试通常从同样的问题开始，但面试的非结构化性质允许你根据候选人的最后陈述提问，主试者在一些关键点上可以追踪提问。这种面试随意性较大，要求面试者有较好的应变能力。

（3）情景面试。情景面试是指提出一个假设的工作情景，以确定求职者在这种情况下的反应，主试者对所有求职者询问同样的问题。它有些类似于结构化面试。但在情景面试中，还可以问与工作关联的问题。问题的可接受答案由一组主管人员确定，主管人员对求职者就所提的工作关联问题的回答进行评定。情景面试有助于事先确定可接受的答案，并取得主试者在答案可接受性方面的一致意见。因此，它使面试更可靠。

（4）压力面试（Stress Interview）。压力面试是指有意制造紧张，以了解求职者将如何面对工作压力。面试人通过提出生硬的、不礼貌的问题故意使候选人感到不舒服，针对某一事项或问题做一连串的发问，直至无法回答。其目的是确定求职者对压力的承受能力、在压力面前的应变能力和人际关系能力。如果工作要求具备应付高度压力的能力，了解这一因素是很重要的。但有些人力资源的专业人士认为，压力面试作用不大，因为在压力环境下所获信息经常被扭曲、误解，他们认为这种面试获得的资料不应作为选择的依据。

2. 面试的一般步骤

面试一般包括五个步骤：准备、建立和谐气氛、提问、结束以及回顾。

（1）面试准备。首先，应当提前做好面试准备，特别是要审查求职者的申请表和履历表，并注明求职者优点或缺点，然后查阅工作规范，这样就可以带着理想求职者特征的清晰图像进入面试。还要准备合适的面试地点，理想的面试地点应是僻静的房间，电话不能打进来，其他的干扰也要降到最低。

（2）建立和谐的气氛。要使求职者不感到拘束，你可以通过问一些没有争议的问题，如天气或交通状况来开始整个面试，花几分钟问这种问题可极大地降低求职者的紧张情绪，这使得求职者能够全面和明智地回答你的提问。除了降低紧张情绪外，建立和谐的面试气氛还可与求职者交朋友。一般来说，不论求职者最终是否被录用，都应得到友好礼貌的对待，这不仅是出自人道主义原因，而且是因为不这么做会损害组织声誉。

（3）提问。提问的方式可以是一对一的方式、小组方式或由一系列主试者提问。在任何情况下，提问必须谨记以下事情：尽量避免能以"是"或"否"回答的问题，相反要提那些需要被试者更详尽地做出回答的问题；不要传递所期望的答案的信息，例如当候选人回答正确时点头或微笑；不要"审问"求职者；不要采取讽刺或漫不经心的态度；不要让漫谈垄断整个面试；不要让求职者支配整个面试，使得你无法问你所想要提出的问题；一定要问开放性问题，并倾听候选人回答，鼓励他们充分表达自己的想法。

（4）结束面试。在面试结束之际，应留有时间回答求职者的问题，在谈话中必须坚持对求职者的评价立场，以积极的调子结束面试，应告诉求职者组织是否对其背景感兴趣，如果感兴趣，组织下一步将怎么办。另外，拒绝求职者时要讲策略。如果正在考虑但不能马上做出决策，就应当告知其组织将尽快以书面形式通知面试的结果。

（5）回顾面试。求职者离开后，应当检查面试记录，填写结构化面试指导（如果在面试中没有填写的话），并趁面试在头脑中尚清晰时回顾面试场景。

3. 面试的技巧分析

对面试主考官来说，最重要的是交谈与提问的技巧，通常可采用以下方式：

（1）简单提问。在面试刚开始时，通常采用简单提问来缓解面试的紧张气氛，消除应聘者的心理压力，使应聘者能轻松进入角色，充分发挥自己的水平和潜力。这种提问常以问候性的语言开始，如"你家住在什么地方"等。

（2）递进提问。在用简单提问提出几个问题以后，往往谈话的气氛可以轻松下来，这时可采用递进提问方式将问题向深层引申一步。递进提问的目的在于引导应聘者详细描述自己的工作经历、技能、成果、工作动机、个人兴趣等。提问应采用诱导式提问，如"你为什么要离职？""你为什么要来本公司工作？"等。

（3）比较式提问。比较式提问是主考官要求应聘者对两个或两个以上的事物进行分析比较，以达到了解应聘者的个人品格、工作动机、工作能力与潜力的目的。如"如果现在同时有一个晋升机会与培训机会，你将如何选择？""在以往的工作经历中，你认为最成功的地方是什么？"等。

（4）举例提问。这是面试的一项核心技巧。当应聘者回答有关问题时，主考官让其举例说明，引导应聘者回答完成某项工作所采取的方法，来鉴别应聘者所谈问题的真假，了解应聘者实际解决问题的能力。如"请你举例说明你对员工管理的成功之处"等。

面试主考官除了要掌握上述技巧外，还需要做到：能客观公正地对待所有的应聘者，不因个人的主观因素评价应聘者，而要以录用标准加以衡量；良好的语言表达能力，在提问过程中语意表达清楚准确，不引起应聘者的误解，并善于引导应聘者回答问题，善于倾听应聘者的陈述；能始终集中注意力和保持极大的兴趣倾听，不随意打断应聘者的陈述，并能够准确理解应聘者的陈述；有敏锐的观察能力，善于观察应聘者在面试过程中的各种行为，如身体姿态、语言表达、面部表情、精神面貌等；善于控制面试的进程，能创造一个良好、轻松愉快的面试气氛，善于把面试引向结束。

（三）背景调查与录用入职

1. 背景调查

在甄选过程中，最关键的是这些从应聘者那里直接获得的信息，最重要的是应聘者的胜任力，但是也不能排除应聘者的其他一些背景的重要性。背景调查就是对应聘者的与工作有关的一些背景信息进行查证，以确定其任职资格。通过背景调查，一方面可以发现应聘者过去是否有不良记录，另一方面，也可以对应聘者的诚实性进行考察。

背景调查的主要内容有以下三个方面：

（1）学历学位。在应聘中最常见的一种谎言就是在受教育程度上的作假。因为在很多招聘的职位中都会对学历提出要求，所以有些没有达到学历要求的应聘者就有可能对此进行伪装。目前，大学的毕业证书已经逐渐进入到计算机系统管理，可以在互联网上进行查询，这为招聘单位进行有关的背景调查提供了便利条件。

（2）过去的工作经历。即对应聘者过去的工作经历进行调查。调查侧重了解的是受聘时间、职位和职责、离职原因、薪酬等问题。了解过去工作经历最好的方式就是向过去的雇主了解，此外还可以向过去的同事、客户了解情况。

（3）过去的不良记录。主要调查应聘者过去是否有违法犯罪或者违纪等不良行为。尽管我们相信一个人过去犯过错误会改过自新，但这些信息仍然要引起注意。

在进行背景调查时要注意从各个不同的信息渠道验证信息，不要听信一个被调查者或者是一个渠道来源的信息，必要时可以委托专业的调查机构进行调查。

2. 录用入职

当应聘人员被录用后，在正式进入该单位工作前，还要经过以下的一些入职程序：

（1）人力资源经理与被录用员工签订《聘用意向书》，双方签字后生效，人力资源部保存原件，录用员工留存复印件。

（2）体检合格。被录用员工前往指定医院进行身体检查，并将体检结果交到人力资源部门，以确保身体条件符合所从事工作的要求。

（3）录用人员到人力资源部领取"入职介绍信"，前往人才交流中心开具档案转移的商调函，并回到原存档单位将人事档案转移到公司指定的档案管理机构。

（4）人力资源部门把将要正式入职的员工信息录入员工信息管理系统，并与新员工预先约定时间到公司正式入职。

（5）新员工填写档案登记表，人力资源部门与新员工签订劳动合同，并办理社会保险等各种福利转移手续，尤其是签订劳动合同至关重要。

第二节　员工的使用与流动

人力资源管理活动的核心是用人，即合理地使用人力资源，提高人力资源的效率。组织对员工的合理配置和有效使用，有利于员工能力与价值的充分发挥，提高组织的劳动生产率与绩效；反之，如果对员工的使用不当，就会出现人事不符，效率低下，造成人力资源的浪费，最终影响组织的发展。因此，如何使用员工是人力资源管理工作最重要的环节。

一、员工使用的意义及原则

员工使用有广义和狭义之分。狭义的员工使用是指人力资源管理部门按各岗位的任务要求，将员工分配到各个具体的工作岗位上，赋予他们相应的职责、权利，使之进行工作活动，为实现组织目标发挥作用；广义的员工使用，还包括员工的合理配置、选拔任用、岗位调配、劳动组合、人事调整等内容。

在市场经济条件下，人力资源的配置要经过外部和内部两次配置：外部配置是指通过劳动力市场配置到不同地区、不同的用人单位，而内部配置即各用人单位对员工的具体使用过程。员工的使用表现为用人单位对员工的安排、运用和管理过程，实质上员工的使用是一个劳动过程，是一个不断创造劳动成果与价值的过程。

（一）员工使用的意义体现

员工的使用，从根本上讲是促进人与事的协调，充分发挥员工的能力，实现组织目标。

第一，人员调配是实现组织目标的保证。任何组织要实现自身的生存与发展，都离不开人力资源的保证。如果在每一个岗位上、每一个职位上都有第一流的人员在工作，组织何愁得不到发展？但由于组织外部环境、内部条件以及组织的目标和任务都在不断变化，因此岗位、职位的数目和结构，及其对人员的要求也必须不断发生变化，只有不断进行人员调配，才能适应这些变化，维持组织的正常运转和推动组织的发展壮大。

第二，人员调配是人尽其才的手段。人的才能各异，各有所长，也有所短。只有放到最适合的岗位、职位上，人才能扬长避短，充分发挥出自己的潜能。但是，人与事的最佳配合不是一劳永逸的，而是动态的。有时，随着工作内容的扩充和设备的更新，人的能力变得越来越不适应；有时，人的能力提高，经验增加，兴趣转移，对眼前的工作越来越不满足，甚至产生厌倦情绪。如果不及时对相应人员进行调配，不仅影响工作，更影响人员才能的发挥，影响杰出人才的脱颖而出。

第三，人员调配是实施人力资源管理计划的重要途径。人力资源计划中确定的人员培训和劳动力转移的方案，都要通过人员调配手段来实现。及时按照人力资源机构合理化的要求，进行劳动力和管理人员的调动和组合，是实施人力资源计划，提高人力资源开发水平和人力资源使用效益的基本途径。

第四，人员调配是激励员工的有效手段。人员调配包括职务的升降和平行调动。职务晋升对当事人是一种内在的激励，使其产生较强的成就感、责任感和事业心；平行调动虽不如晋升，但职工面对全新的工作环境、工作内容和工作要求，容易激发新鲜感和应对挑战的亢奋，从而提高工作积极性并有利于挖掘其潜在才能；对于降职的人，只要做好引导工作，也会促使其变压力为动力，改进缺点，迎头赶上。

第五，人员调配是改善组织气氛的措施之一。对于风气不正的班组、科室等团队，通过人员调配可以扭转不良风气；而对于互抱成见、难以合作的当事人，经做思想工作无效，采取组织手段使一方调离，也不失为改善人际气氛、优化工作环境的有效措施。

（二）员工使用的基本原则

1. 人事相符原则

人事相符是指员工与工作相适应，即按照工作的需要挑选最适合的员工，达到工作岗位和员工能力之间的最佳组合。要达到人事相符原则，首先应做到"知事""识人"。"知事"是指人力资源管理部门在安排员工之前，必须详细了解不同岗位、不同职务的工作内容，在组织中的作用、地位以及岗位对员工素质和技能的要求；在"知事"的同时，还要"识人"，就是要对员工有较深入的了解，知道员工的知识程度、教育水平，掌握员工的性格特征、气质类型、兴趣所在、身体健康状况，甚至家庭背景关系等。在"知事""识人"的基础上，还要求人力资源管理部门要"因事择人"，即从职位的要求和实际工作的需要出发，以职务对人员的要求为标准，选拔录用各类人员。此外，人事相符原则还要求组织建立相应的人员调整机制，能够把那些工作不称职或已不能适应工作需要的人从原来的工作岗位上调整下来，腾出位子，以便让那些符合条件的人走上最适合发挥他们才能的岗位，在动态过程中不断实现人与事的最佳组合。

2. 权责利一致原则

员工的使用离不开权力、责任和利益。只有权力没有责任，只会导致对权力的滥用；光有责任而不赋予相应的权力，工作也不能得到很好的开展。权力与责任之间必须达到一种平衡的关系，即赋予权力的同时，也要受到相应责任的约束，权力越大，其责任也应相应增加。同样，任何权责的实现也离不开利益的驱动。没有利益的驱动，很难激起员工完成职责的积极性，当遇到困难时，容易出现动力不足、裹足不前的情况。一般而言，权责越大，相应给予的利益报酬就越丰厚。

3. 用人所长原则

不同的人具备不同的素质，由于生理差异和后天训练程度的不同，每个人的能力也不一样。领导者应该花费许多时间和精力，研究各类人才的不同特点，因材施用，使其扬长避短，各展所长。《晏子春秋》中也说："任人之长，不强其短；任人之工，不强其拙。"因此，组织在员工的使用上应根据每个人的能力大小和能力作用方向的不同，把他们安置在最能发挥其特长的岗位上，使其优势得到充分利用，从而提高工作效率。

4. 照顾差异原则

人员之间在生理、心理、能力等各个方面千差万别，适当考虑和细心照顾这些差异是做好因材施用、人员调配工作的重要方面。具体来说，主要应考虑五个方面的差异：

（1）性别差异。男女性别差异带来生理和心理上的差异，导致职业适应性上的差异。一般而言，重体力劳动只适于男性，而需要耐心、细心但体力消耗不大的工种，如纺纱、织布、缝纫、流水线操作工等，较适合女性；由于男性在空间以及机械方面的能力，注意某种特殊群体而不被周围环境影响的能力优于女性，所以宜于从事高精密度机床的操作和维修，操作复杂机械和监视自动装置仪器仪表的运行；由于女性在艺术方面、社会服务方面、感情方面的优势，以及"维持现状心理较强"的特点，更适于从事营业员、办事员、服务员、教师、医生、护士、演员、公关人员以及比较标准化、定型化的工作。

（2）年龄差异。随着人在年龄上的增加，经验趋于丰富、技术趋于成熟、分析能力增强，但记忆能力则下降、视力和肌肉反应减退……所有这些都应在人事调配中予以充分考虑。组织可以根据不同年龄组的职工对工作的适应性，及时地调整老工人和年龄偏高的管理干部的工作。一般而言，中老年更适合于从事质量要求胜过数量要求的工作、需要自我管理的工作、把关性质的工作、需要刻苦和耐心的工作、需要经验胜过体力的工作。

（3）气质差异。气质指人的典型的、稳定的心理特征，主要表现为情绪体验的快慢强弱以及动作的灵敏或迟钝等方面。心理学把人的气质划分为胆汁质、多血质、黏液质和抑郁质四种类型，各自具有不同的职业适应性。胆汁质的人精力旺盛、态度直率、动作迅速、性情急躁、富于热忱，宜从事革新、攻关或突击性的工作；其缺点是行为上往往表现出不平衡性。多血质的人神经活动具有高度灵活性，往往表现为智慧和灵敏，对新生事物敏感，性情十分活跃，宜从事研究性、创造性的工作，从事反应迅速而敏捷的工作，从事内容多样化和多变的工作；其缺点是行为受兴趣影响过大，易表现出冷热病。黏液质的人因神经过程的稳定性和一定的惰性，具有较强的自我克制能力，埋头苦干，注意力集中，态度持重，交际适度，宜从事有条有理、重复性较强的工作；其缺点是动作迟缓、不够灵活，缺乏创造性，倾向于保守。抑郁质的人孤僻、多愁善感、犹豫不决、优柔寡断，但他们办事细心、谨慎、感受力强，宜从事具有独立性、要求细心谨慎、对速度要求不高的工作。

（4）能力差异。由于每个人的心理素质不同，其能力性向往往具有显著区别，对工作的适应性也各不相同。例如，手臂运动灵活性得分高的人，宜于从事装配、焊接等工作；手眼配合得分高的人，宜于从事机械加工性质的工作；注意力稳定，以及注意力的分配、转移等得分高的人，宜于从事以监督、监视为主的工作，如控制仪表仪器的监测、多台机作业、文字校对等工作；观察力、记忆力、思维能力、想象能力以及操作能力得分都比较高的人，宜于从事需要多方面能力的复杂工作，如探索性、开发性、创造性的工作，从事科学研究、新技术和新产品开发工作，从事中高级经营管理工作等。

（5）兴趣差异。兴趣是人积极探究某种事物的认识倾向，而兴趣发展成为某种活动倾向时就成为爱好。兴趣和爱好是人们从事活动的强大动力。如果人们对自身工作充满了兴趣，就会十分专注和投入，以至于达到入迷的程度，从而取得卓越的成绩。因此，在人员调配时，充分考虑员工的不同兴趣爱好，尽量满足个人对某项工作的期望也是一条正确的原则。

二、员工使用的程序与方式

（一）员工使用的一般程序

首先，在员工使用前，应当分析员工的任职资格，对员工的能力进行评估、确认，了解培训工作是否达到了履行岗位职责的要求。如果员工已经具备了上岗条件，则由人力资源部门安排其上岗。如果未达到要求，则需要重新培训，或由组织辞退、解除劳动关系。这一工作的目的在于确保岗位任务的完成，避免因在岗人员不能胜任工作而影响组织目标的实现，引起人事调整，加大人力资源管理的难度与工作量。

其次，对经过资格认证的员工，由人力资源管理部门按其具备的能力与招聘、培训的目的将其分配到组织的各个部门，向员工颁发正式的任用书（聘书），任用书应写明职务的名称、工作内容、职责、权力、任用时间、考核方式等。员工接受任用书后，按规定时间上岗，进入工作状态。

再次，员工开始工作之后，人力资源管理部门便开始对员工的工作状态进行了解、观察、监督，从中获取员工工作状态的各种信息，作为对员工评价的依据。人力资源管理部门按照各个工作岗位的要求，对员工的工作进行评价。

最后，根据人事评价的结果，人力资源管理部门做出人事决策，或向组织的决策层提出建议，对不适合岗位的员工进行人事调整。人事调整可分为纵向调整和横向调整两种。纵向调整又分为晋升和降职，横向调整只涉及岗位的变动，而不涉及职务的升降。由于对员工能力的考查和认识是一个过程，因此，在实际工作中常常出现员工能力与所在岗位不相适应的情况。这时候，实施人事调整，将那些不足以应付当前职务要求的员工调任至较低的、承担较小责任的职位上，或将能力较高的员工提升至较高的职位上就不可避免了。此外，在同一岗位上长期工作的员工会产生厌烦情绪，适时地对这些员工进行职位调整，有利于恢复员工士气和激发其工作的热情。

（二）员工使用的具体方式

员工使用的具体方式主要有：平级调动、职务晋升、降职以及辞退解雇等。

1. 平级调动

平级调动通常意味着在不改变薪资等级的情况下从一种工作换到另外一种工作。发生工作调动的原因有多种。员工个人有可能会从以下四个方面的愿望出发要求调动工作：丰富个人的工作内容、从事自己更有兴趣的工作、从事能够为个人提供更大便利条件（如更好的工作时间、地点等）的工作或者追求能够发挥更大潜力的工作等；从组织来说可能是因为以下三个方面的原因：将员工从一个不需要人手的工作调往需要人手的工作、留住资深员工或者是在组织内为某一员工找到一个更为适合的岗位、通过减少管理层级来提高生产率等。

在员工的调动中，组织应对调动有明确的管理规定，包括：在组织要求调动时，应该给员工多长时间的准备，组织支付调动费用的条件以及支付方式和支付金额；在员工提出调动的情况下，员工应该提前多长时间通知组织，组织应该在什么时间范围内批复员工的调动请求等。这样，组织和员工就可以将调动造成的损失降到最小，并且可以使组织避免由于调动可能带来的法律诉讼。

2. 职务晋升

职务晋升是把员工使用到更高层次的岗位上，是员工职位的一种向上的垂直变动。在员工晋升工作中，要特别注意以下三个方面：

（1）以资历为依据还是以能力为依据。在做出是否提升某人的决定时所遇到的最重要决策也许是：是以资历为依据还是以能力为依据，或者是以两者某种程度上的结合为依据。从激励的角度来说，以能力为依据晋升是最好的。然而，能否将能力作为唯一的晋升依据将取决于诸多因素，经常碰到的问题是有些合同含有在晋升时强调资历的条款，一些人士认为只有当两位员工在能力上有显著差别的情况下，组织才能优先考虑晋升资历浅者。

（2）如何对能力进行衡量。当晋升是以能力为依据的时候，组织还必须决定如何对能力加以界定和衡量。对过去的工作绩效进行界定和衡量是一件很容易的事情：工作本身的界定是清楚的，工作目标也已经确定下来，只要运用一两种评价工具来对员工的工作绩效加以记录就可以了。但是，在进行晋升决策时，还要求对员工的潜力做出评价，这样，组织就必须制定一些有效的程序来预测候选人的未来工作绩效。例如，一些企业运用测试的方法来评价员工的可提升性，判断这些员工在管理方面的发展潜力。还有一些组织则运用评价中心技术来评价候选人的管理能力。

（3）晋升过程正规化或非正规化。组织还必须决定晋升过程应当是一个正规过程，还是一个非正规过程。许多组织仍然依靠非正规渠道来提升员工。在这些组织中，是否存在空缺职位以及空缺职位的要求是什么往往是保密的。于是，晋升决策往往是由组织的主要管理人员从他们所认识的员工中挑选给他们留下过印象的员工。这种做法的问题是，在组织不让员工知道存在何种职位空缺，晋升的标准是什么，以及晋升决策如何做出的情况下，工作绩效和晋升间的关系就被卡断了，晋升作为一种激励的效用就大大降低了。

因此，许多组织制定并公布了正规的晋升政策和晋升程序。在这种情况下，组织通常向员工提供正式的晋升政策解释，详细说明员工获得晋升的资格。空缺职位及其要求都将被公布出来传达给每一位员工。这种做法可以确保组织在出现空缺职位时，所有合格的员工都能被考虑到，同时使员工感到，晋升是一种与工作能力和绩效紧密联系的激励。

3. 降职使用

降职是员工在组织中向更低职位的移动。这里的更低是指由于这样的调动使员工承担的工作责任降低了，收入也相应地降低了。它与晋升正好相反，晋升是在组织的社会阶梯上向上流动，而降职是在组织的社会阶梯上向下流动。

长期以来，人们总习惯于把职务晋升当作奖励，把职务降低当成处罚，降职似乎成为"犯错误"的代名词，这成为领导者能上不能下的重要心理障碍。实际上，相当一部分员工的职务下降并非是"犯错误"，而是缺乏必要的知识和能力，不能胜任现职的要求。

但降职通常是负面的，会使一个人情绪低落，感到失去了同事的尊敬而处于尴尬、愤怒、失望的状态，工作效率可能会进一步降低。因而在采取降职措施时，应与该当事人积极沟通，努力维护他的自尊心，强调当事人对组织的价值，使其保持一种积极的心态。

4. 辞退员工

辞退是用人单位解雇员工的一种行为，是指用人单位由于某种原因与员工解除劳动关系的一种措施。根据原因的不同，可分为违纪辞退和正常辞退。违纪辞退是指用人单位对严重违反劳动纪律或企业内部规章，但未达到被开除程度的员工，强行解除劳动关系。正常辞退是指用人单位根据生产经营状况和员工的情况，解除与员工的劳动关系。

尽管组织通过人员招聘与甄选对员工的素质进行了鉴别工作，并在后来的工作过程中通过绩效评价和培训与开发等活动对改进员工的技能、素质以及绩效进行了大量的努力，但还是会由于市场与组织自身的变化，或者一些员工无法达到岗位要求而需要辞退员工。

辞退是员工的非自愿流出，对员工是不利的，同时对组织也存在负面影响。因而辞退员工是一件非常困难的事情，企业在辞退员工时要格外谨慎，必须遵循劳动法的原则和规定，做好沟通工作，对正常辞退的员工给予补偿金或赔偿金，尽量避免不良后果发生。

三、员工流动的因素及利弊分析

（一）员工流动的影响因素

员工的流动是由多种因素综合作用的结果，一般可以分为外部宏观因素、组织因素和个人因素三种。只强调其中任何一种因素都会导致对员工流动偏颇的理解。但是如果从组织的角度来看，组织因素可以由组织来控制和把握，个人因素可以由组织来施加影响，而宏观因素却几乎是不可控制的。因此，在我们以组织效率为出发点进行研究时，可以看到宏观因素虽有不可忽视的影响，但它的不可控性使得它对组织的管理不具备可操作性。因而这里仅在以组织效益为目标的基础上讨论员工流动的组织因素和与工作相关的个人因素。

1. 组织因素

（1）工资水平。可以说，工资水平是决定员工流动的所有因素里最重要的影响因素。工资的稳定增长有利于稳定员工。大多数的自愿流出者是为了谋求比原来薪水更高的新工作，当存在较高的通货膨胀和工资增长的压力较大时，员工对高收入的追求将更显著。对工资水平的研究不能仅停留在总量上，这不能揭示组织中可能存在的工资分配上的不公平性，而要看到工资和员工投入之间的关系，以确定工资水平是否公平。

（2）职位的工作内容。较好的职位设计可以给员工更大的工作满足感，这包括工作任务的多样性、挑战性、工作时间的灵活性、职位的自主权和责任等。

（3）组织管理模式。如果员工愿意参与组织的决策活动，并且愿意参加到组织的群体中去获得信息，那么组织集权容易导致较高的员工流失率；而组织内成员的相互融合程度及信息交流的畅通程度越高，则员工对组织的依赖性越高，员工的流失率就会相对较低。

（4）组织对员工流动的态度。组织可以把自己的员工划分为两种，一种是可以被储备起来的员工，或者说应该被储备起来的员工，一种是可以流动的员工。那种充分利用被储备的员工进行经营活动的组织可以被称为"储备型经营组织"；而那些利用员工流动进行经营的组织则可以被称为"流动型组织"。在后一种组织中，所需要的员工大多数由短期劳动力市场提供，以对员工采用"租赁经营"的形式来雇用，自然流动率就会相当得高。

2. 与工作相关的个人因素

（1）职位满足程度。满足是由个人期望与现实之间的差距程度决定的，包括个人在价值观上的差异和个人对组织因素的感觉。在职位满足程度和员工流动之间存在着负相关关系，员工的不满足将会构成退出的动机。然而，单独用整体的职位满足感不能说明问题，员工对职位的满足还需要细致地划分，尤其是要充分考虑员工对工资的满足、对晋升的满足、对职位内容的满足、对工作中合作者的满足、对上司的满足和对工作条件的满足六个相关因素。此外，仅仅考虑与职位相关的满足还是不够的，还应该看到员工感觉到的组织外部的职位机会。

（2）职业生涯抱负和预期。员工对某一职位能否实现自己的职业生涯抱负也影响着他的退出决策或行为。例如，一个软件设计者现在对其职位的工资、上司、同事和晋升机会都很满意，但是现在的职位却不能实现他的梦想——开设自己的软件设计公司，因此他也会流出组织。相反，一个员工也许对某一职位所能提供的工作安排、工作内容等都不满意，但是，由于他看到了更长远的改善机会和将来的职业生涯机会，他可能会选择留下来。

（3）对组织的效忠。这是指员工对一个特殊组织的参与和认同的程度。员工对组织的效忠至少有三个特征：很坚定地相信并接受组织的价值和目标；自觉地为了组织的利益而付出努力；具有很强烈的保持员工身份的愿望。

（4）对寻找其他职位的预期。不同的员工对组织外部的机会的感觉是不同的，有的员工能够比较充分地获得各种各样的信息，有的员工则缺乏这方面的才能。员工对寻找其他职位机会的预期会直接影响他寻找这些职位的愿望，组织可以利用这方面的预期来控制和管理员工，有意识地对他们施加影响。

（5）工作压力。工作压力可以产生积极的影响，也可以导致消极的后果。也就是说，过大的压力使员工感到身心俱疲，工作变成一种痛苦，必然带来员工的流失。

（6）员工所属的劳动力市场。如果一个人的工作属于全国性的劳动力市场，那么他就可能在比较远的地方寻找工作机会。通过全国性的职业广告、招聘会等都可能使员工离开工作岗位。如果一个人属于地方性的劳动力市场，他就很难在其他地区找到更好的工作。

（二）员工流动的利弊分析

1. 员工流动的好处

由于各地区、各部门、各组织的发展不平衡，人的素质和能力发展也不可能同步。因此，各地区、各部门、各组织在一定时期对人员的需求与同时期本地区、部门和组织的人员供给往往不一致，这种不一致，既表现在总量上的不平衡，也表现在结构上的不平衡。而解决这种不一致，首要的方法就是通过人力资源的流动来达成。

这种正常的员工流动，要求员工与用人单位在法律上是平等的、自由的，用人单位享有用人自主权，员工享有择业自主权。双方基于平等和自愿基础上的双向选择，保障了人才供求双方的权利，有利于实现人与事的良好配合，有利于人员的优化配置。这种流动，可以促进全社会范围内的人才流动，既有利于用人单位事得其人，也有利于人才各得其所，最终实现人力资源在社会范围内的最优配置。

2. 员工流动的弊端

组织愿意看到的员工自愿流动对员工和组织是一种双赢，而组织不希望出现的员工流失则会给组织带来不利的影响。现在，随着竞争层次的升级，对人才的争夺愈加激烈，那些掌握了一定资源的员工为了能够充分利用自身优势而加快了流动步伐，一旦发现当前的环境不再适合自己的发展或待遇不公就会另谋高就。

员工的自愿流出是员工个人动机或行为的具体表现，这种流出方式对于组织来讲是被动的。流失的员工多是一些已经或将来能够为组织形成竞争优势的人才。从总体上看，他们往往能够创造、发展组织的核心技术，建立和推动组织的技术和管理升级，扩大组织的市场占有率和提高经济效益。所以，这种员工流失会使组织面临巨大的损失，例如可能意味着大量行业信息和科技成果的流失，或者一个产品、许多客户，甚至一片市场被带走，抑或使原来的生产和研发计划不能实施、商业秘密被泄露、其他员工的积极性受挫等，以上每个后果的发生都会给组织带来无法估量和难以追回的损失。

第三节　员工培训开发及创新模式

一、培训开发概述

组织在招聘录用员工时，虽然经过了严格的筛选，但是并不能保证新员工完全符合组织的实际工作需要，他们的工作技能、工作能力和对组织的适应性都需要通过培训进一步提高；随着科技的发展进步，人的知识也需要不断地更新，只有不断地给员工学习和提高的机会，才能保持组织的竞争优势。培训是人力资源管理工作的内在组成部分，是提高组织绩效、获取竞争优势的重要手段，是一种对人的投资，也是组织吸引和留住人才的重要因素。

（一）培训开发的含义理解

培训开发是指组织根据自身发展和业务需要，通过学习、训练等手段进行旨在改变员工的价值观、工作态度和工作行为，提高员工的知识水平、业务技能和工作能力，最终实现组织整体绩效提高的一种有计划、有组织的培养训练活动。培训着眼于现在，重点是帮助员工提高基本知识和基本技能。开发则强调员工的长远发展，两者虽然侧重点有所区别，但是实质都是为了改善员工个人绩效进而改善和提高组织的整体绩效，只是一个关注现在，一个关注将来，因此，可以作为一个概念来理解。

为了准确把握培训开发的含义，要注意把握以下四点：

1. 培训开发是一种人力资本投资

人力资本是与物质资本、金融资本相并列的三种资本存在形态之一，表现为员工所具有和掌握的文化科学知识、专门的职业技术知识和专业技术技能及体力状况（健康状况）等。根据劳动经济学中的人力资本理论，人力资本是一种稀缺的生产要素，是组织发展乃至社会进步的决定性因素，但它的取得不是无代价的，要取得它，必须通过投资活动，即人力资本投资。也就是说，人力资本投资是形成人力资本的必要条件。在人力资本投资形式中，培训包括职前（岗前）培训、在职培训、脱产培训等是仅次于教育的重要形式，而这里所谓的培训就是人力资源管理中所指的培训与开发，其目的也在于培训和培养员工的知识、技能，以提高员工的职业适应性和工作绩效。因此，从人力资本理论角度来看，培训与开发是一种人力资本投资。

2. 培训与开发是为组织实现目标服务的

就培训与开发与组织目标的关系来看，培训与开发必须为实现组织的目标服务。有利于实现组织的目标，就是培训与开发的根本目的，也是在进行员工培训与开发时必须首先明确的。这就要求组织在计划及实施员工培训与开发时，必须首先明确这样一些问题：为什么要进行培训，需要进行什么样的培训，哪些人需要接受培训，由谁来进行培训，如何评价培训的效果，如何进行员工开发等。不能为培训和开发而培训和开发，更不能做表面文章，以提高培训与开发的效率和效果，这些问题不明确，只能使培训与开发的效率和效果大打折扣。

3. 培训与开发是一种管理手段

培训与开发是通过教育、培训及培养旨在改变员工的工作态度和工作行为以达到为实现组织目标服务的一种活动。它包括培训需求分析、制订培训方案、实施培训方案、评价培训的效果等内容和环节，且是有计划、有组织、有目的进行的，因此，从管理的全过程角度看，培训与开发是一种管理手段，也是一个管理过程。根据组织行为学理论，一个人的工作绩效取决于其工作行为，而其工作行为又由这个人在具体工作情境下所选定的行为目标决定。组织期望通过影响员工在特定的工作情境下的行为选择来实现，也就是必须影响甚至改变、塑造员工的工作态度、工作行为，使其符合职业需要并有助于实现组织目标。把员工培训与开发视作一种管理手段，就要求组织应把其作为组织整个管理活动过程来对待，不应割裂其与其他管理活动及内容的关系而孤立地进行培训与开发活动。

4. 培训与开发是员工职业发展的助推器

由于人力资源是组织资源中最重要的组成部分，因此现代人力资源管理理论认为，员工作为组织中的一员，不仅要为组织目标的实现努力，以推动组织绩效的提高，同时组织也要帮助员工完成各自的职业发展计划，通过培训与开发活动使员工的人力资本价值得以增值，使员工的职业能力得以增强。换言之，培训与开发应该带来的是组织与个人的共同发展。从实际效果来看，无论是知识、技能等的培训，还是素质、管理潜能的开发，无论是现在导向的还是未来导向的，尽管组织会从中大受其益，但是员工个人自身的知识、技能等人力资本无疑得到增值，使其增强适应各种工作岗位和职业的能力，提高工作绩效。因此，培训与开发是促进员工职业发展的助推器。

（二）培训开发的类型划分

员工培训开发的类型从不同的角度可以划分为不同的类型。

按照培训的内容不同，可以将培训开发分为基本技能培训、专业知识培训和工作态度培训。基本技能培训是通过培训使员工掌握从事职位工作必备的技能；专业知识培训是通过培训使员工掌握完成本职工作所需要的业务知识；员工态度培训是通过培训改善员工的工作态度，使员工与组织之间建立起互相信任的关系，使员工更加忠诚于组织。这三类培训对员工个人和组织绩效的改善都具有非常重要的意义。因此，在培训中应予以足够的重视。

按照培训的对象不同，可以将培训开发划分为新员工培训和在职员工培训。新员工培训又称导向性培训或岗前培训，是指对新进员工进行的培训，主要是让新员工了解组织的工作环境、工作程序、人际关系等；在职员工培训是对组织中已有的人员的培训，主要是为了提高现有员工的工作绩效。

按照培训的目的不同，可以将培训开发分为应急性培训和发展性培训。应急性培训是组织急需什么知识、技能就培训什么。例如，企业计划新购一台高精度的仪器，而目前又没有员工能够操作，就需要进行针对此仪器操作的应急性培训。发展性培训是从组织长远的发展需要出发进行的培训。

按照培训的形式不同，可以将培训开发分为岗前培训、在职培训和脱产培训。岗前培训也称入职培训或引导培训，是为了员工适应新的岗位工作需要而进行的培训；在职培训就是在工作中直接对员工进行培训，员工不离开实际的工作岗位；脱产培训是让员工离开工作岗位，进行专门性业务和技术培训。

二、培训开发的一般过程

培训开发的流程就是组织在实际实施培训活动的有序安排。一般来说，完整的培训过程分为四个步骤：首先要分析培训需求，其次要制订详细的培训计划，接下来要实施培训活动，最后要评估培训效果。

（一）分析培训需求

培训需求分析既是开展培训活动的第一步，也是进行培训评估的基础。组织要认真做好培训需求分析工作，为下一步培训计划的制订和实施提供科学的依据。

1. 培训需求分析的内容

培训需求分析是指在规划与设计每项培训活动之前，由培训部门、主管人员、工作人员等采用各种方法与技术，对组织及其成员的工作目标、知识、技能等方面进行系统的鉴别与分析，以确定是否需要培训及培训什么内容的一种活动或过程。确定培训需求要了解对组织或员工进行培训的必要性和紧迫性，并要确定对哪些员工进行培训和培训到什么程度，通过什么培训方式来实现。

这一决策过程有赖于培训专家的参与和帮助，有赖于对组织的培训需求进行系统的、准确的分析。所以，培训需求是一个复杂的系统，它涉及组织、人员及组织所处的环境等因素。因此，为了保证培训需求分析的有效性，培训需求分析必须在人员分析、组织分析和战略分析三个层面上进行。

（1）人员分析

通过对组织人力资源的分析，可以了解组织人力资源数量、质量，以及员工的工作态度、专业知识和技能水平等多方面的情况，而组织人力资源的状况是决定是否培训和培训什么内容的关键因素。

培训需求分析中的人员分析主要从培训对象的角度进行分析，人员分析包括两个方面的内容：一是对员工个人绩效做出评价，找出问题并分析原因，以确定培训需求。也就是要通过对员工工作任务的完成情况的了解，决定必须训练和开发员工哪些技能、知识与态度。人员分析可以依据员工考核资料来进行。一般情况下，组织的大部分员工都要定期接受考核，从员工的工作绩效的等级中就可以分析出他们工作的状况。这些考核往往可以反映出每个员工的现状和标准之间的差距，进一步分析其产生的原因，以便确定相应的培训内容和培训要达到的效果。二是根据员工的职位变动计划，将员工现有的知识、技能与态度等与未来的职位要求进行比较，由此确定培训的需求。

（2）组织分析

培训需求的组织分析主要是指通过对组织的目标、资源、环境等因素的分析，准确找出组织存在的问题，并决定培训与开发的重点。具体来说，组织分析包括以下四个方面的内容：

一是组织目标分析。组织目标的分析是组织分析的关键。明确、清晰的组织目标既对组织的发展起决定性作用，也对培训规划的设计与执行起决定性作用。组织目标分析主要是围绕组织目标的达成、政策的贯彻等方面进行，以确定是否需要培训。也就是说，培训要服从和服务于组织目标。比如说，组织的目标是提高劳动生产率，那么培训活动就应该以提高生产率为目标。当组织目标不清晰时，设计与执行培训规划就很困难，详细地说明在培训过程中应用的标准也不可能。这里所说的目标不仅仅是组织的长期战略，还包括组织的近期目标、组织内各部门目标，甚至员工个人目标。

二是组织资源分析。组织所有的分析都是建立在对资源的分析之上的，如果没有资源，组织就无法生存和发展。如果没有明确的可被利用的人力、物力和财力等资源，就很难确定组织的培训目标。

三是组织特性分析。组织的特性对培训成功与否起着非常重要的作用。因为，当培训规划和组织价值不一致时，就很难保证培训的效果。组织特性的分析主要包括组织的系统结构、文化、人际关系等方面的情况。

四是组织环境分析。组织环境分析主要包括组织生存和发展的外部环境和内部环境的分析。组织环境对培训有重要作用，当培训规划和工作环境的价值不一致时，培训的效果就难以达到理想的状态。当组织面临新的竞争环境时，当国家和政府颁布与组织相关的法律时，组织都要进行相应的培训，如果培训不及时，就有可能对组织造成损失。

（3）战略分析

所谓战略分析是指组织未来的发展方向和发展战略的分析。传统上，人们习惯于把培训需求分析集中在员工和组织需求方面，并以此作为设计培训规划的依据。但实践发现，一味集中在过去和现在的需求将会引起资源的无效应用。因此，培训需求分析的一个新重点是围绕着未来需求的分析，即战略分析。

战略分析不是集中在人员、组织、部门现在有效工作所需要的知识、技能和能力上，而是集中在他们未来有效工作所需要的知识、技能和能力上。因此，要有预见性，要以发展的眼光或依据企业战略来确定需要，预测本企业未来在技术上、销售市场上以及组织结构上可能发生的变化。

在战略分析中，有三个领域需要考虑到：改变组织优先权、人事预测和组织态度。

一是改变组织优先权。引起组织优先权改变的因素包括新技术的引进，财政上的约束，组织的撤销、分割或合并，部门领导人的意向，各种临时性、突发性任务的出现，等等。这些都使得培训部门不能仅仅考虑现在的需要，它必须是前瞻性的，即必须根据未来的需要并为之做准备，尽管这些需要同现在的需要可能完全不同。

二是人事预测。人事预测主要包括三种类型：短期预测，指对下一年的预测；中期预测，指2~4年的预测；长期预测，指5年或5年以上的预测。人事预测的内容有需求预测与供给预测。需求预测主要考察一个企业所需要的员工数量、质量（知识、技能）和结构；供给预测主要考察可能参加工作的人员数量，以及其所具有的技能状况。

三是组织态度。在培训需求的战略分析中，收集全体工作人员对其工作、技能及未来需求等的态度和满意程度是有用的。首先，对态度的调查能帮助查出组织内最需要培训的领域；其次，对态度与满意程度的调查不但可以表明是否需要培训以外的方法，而且也能确认那些阻碍改革和反对培训的领域。

2. 培训需求分析的方法

常用的培训需求分析的方法主要有观察法、访谈法、问卷调查法等。这些方法各有优势和不足，要根据实际情况而定。

（1）观察法。观察法是通过现场观察，了解员工的工作表现，发现工作中存在的问题，获取相关信息的一种方法。观察法简单易行，但是要求观察人员必须对所观察的员工从事的工作有着深刻的了解，不能因观察干扰员工正常的工作。观察法的使用有一定的局限性，一般只适用那些具有重复劳动、易观察的工作。

（2）访谈法。访谈法是通过与被访谈人进行面对面的交谈来获取培训需求信息的方法。访谈前要先确定需要获取的信息，制定访谈提纲。访谈可以是集体访谈，也可以是单独访谈；访谈中的提问可以是开放式的，也可以是封闭式的。访谈法的效果如何和访谈人的水平有着直接的关系，访谈人员需要有良好的沟通能力，善于引导被访谈人参与关键问题的讨论，要能够把握问题的关键和控制谈话的过程。

（3）问卷调查法。问卷调查法是将有关问题编制成问卷，通过让员工来填写问卷获取培训需求信息的方法。在进行问卷调查时，问卷的质量对问卷调查活动的效果起着非常关键的作用。做问卷时，首先，要明确问卷调查的目的，确定通过调查需要了解哪些信息；其次，是根据问卷目的设计问题；再次，是在小范围内进行模拟测试，改进问卷中的不足；最后，是分析调查结果。

（二）制订培训计划

培训需求确定后，就可以制订培训计划。培训计划的制订是保证培训的顺利实施，使培训目标变为现实的重要步骤。所谓培训计划是根据企业的近、中、远期的发展目标，对企业员工培训需求进行预测，然后制订培训活动方案的过程。它是一个系统工程，包括确定培训目标、培训内容、培训形式、培训人员以及培训计划的调整方式和组织管理等工作。

1. 培训目标

要制订明确的培训计划，首先要有明确的培训目标。培训目标是一定时间内希望达到的培训标准，是培训者检查培训活动是否达到培训要求的尺度。它描述的是培训的结果，而不是过程。一般来说，培训目标分为以下三大类：

（1）技能的培养。技能的培养目标在较低层次的员工中，主要是具体的操作训练；在高层管理中，主要是以培养思维活动为主，包含少量的技巧训练。通过技能的培养，使员工掌握完成职位工作所必备的技术和能力，如沟通能力、谈判能力、分析能力等。

（2）知识的传授。知识的传授通常包括概念和理论的理解和把握、知识的灌输与接受、认识的建立和改变等。通过培训使员工具备完成职位工作所必需的基本业务知识，了解组织的基本情况。

（3）态度的转变。通过培训使员工具备完成职位工作所要求的工作态度，如积极性、参与性、服务意识等。

在设置这些具体的目标时，要注意的问题是：首先，是组织期望员工做哪些事情，也就是培训的具体内容；其次，是组织希望员工以什么样的标准来做这件事情；最后，是在什么条件下要达到这样的标准。

2. 培训内容

培训内容是指应当进行哪些方面的培训。培训内容应根据职位的不同需求进行个性化的设计，基础性的培训可以使用市场上已经编写好的教材，特殊性的培训则要根据需要编写相应的教材。培训内容包括专业知识、工作技能、职业道德等三个方面的内容。

3. 培训对象

这是解决培训谁的问题。企业培训应分轻重缓急，培训的重点（培训对象）应是处于关键岗位、主要岗位的管理人员和员工。企业领导干部是培训工作的重点对象。准确地选择培训对象，有助于培训成本的控制、强化培训的目的性、提高培训的效果。

4. 培训形式

培训形式有岗前培训、在职培训、脱产培训等，培训方法选择得恰当与否对培训的实施和培训的效果具有非常重要的影响。

5. 培训预算

培训是需要经费做支撑的，因此，在培训计划中还应该编制培训预算。这里的培训预算一般只计算直接发生的费用，包括培训的教材费、培训者的授课费、场地租用费和培训设备费等。做好培训预算，可以保证获得充足的资金，进而保证培训的顺利实施。

（三）实施培训计划

培训计划明确了培训目标，确定了培训的范围、方法、组织管理等工作，为培训的实施提供了依据。组织的培训计划制订好后，就可以实施培训活动了，它包括选择培训机构、培训教师、培训教材、培训设施、培训时间和培训地点等工作。

1. 培训机构

培训的实施机构主要有组织内部培训和外部培训两种。组织内部培训是指使用组织内部的资源包括场地、培训教师等进行的培训；组织外部培训是指利用外部培训机构对员工进行培训，包括组织付费的学历教育。外部培训实施过程中组织的相关管理者也要参与到计划的制订和实施中。无论是内部培训还是外部培训，都有各自的优缺点，如何选择要根据组织的具体情况而定。

2. 培训教师

组织在选择培训教师时要十分慎重，因为培训教师水平的高低直接影响到培训的效果。培训教师既要有广博的知识，又要有丰富的实践经验；既要有扎实的技能水平，又要有良好的道德品质。具体来说，可以从以下三个方面进行考察：

（1）广博的知识。这是考察一个培训教师是否合格的基本要素，如果他自己的知识都不完备，又怎么可能给他人传授呢？

（2）强烈的责任感。不管是外部培训教师还是内部培训教师，具有责任心，从受训者的角度考虑问题，关心培训的效果，用自己的热情去感染受训人员是保证培训效果的一个重要因素。

（3）良好的沟通能力。一个教师知识再广，如果他的口头表达能力很差，也无法将自己的意思传达给别人。良好的沟通能力可以帮助培训者在有限的培训时间内充分了解受训人员的需求，有利于提高培训的效果。

3. 培训教材

培训教材一般由培训教师参与确定。培训教材的选用要与培训目标相一致，要选质量好的教材。所选教材的范围、深度、结构能够与受训者的实际相匹配。

4. 培训设施

在培训计划中还要清楚地列出培训所需要的设备，如投影机、白板、音响和文具等，要从视觉效果、教室大小、座位安排以及辅助的教学设备等方面搞好培训环境的布置，特别是需要特殊设备的培训活动，一定要事先做好充分的准备，并注意要提前调试设备，保证设备的正常运行。

5. 培训地点

培训地点就是培训在哪里进行，合适的培训地点有利于培训的顺利进行，增强培训的效果。为了保证培训的顺利实施，事先就要选择好培训地点，这里需要考虑的因素有：培训的形式、培训的费用、受训者的交通便利情况等。例如，培训形式如果采用授课法，就适合在教室内进行；如果是管理游戏法，选择活动空间比较大的地方就会更好一些。此外，还要考虑培训的预算、培训的人数等因素。一旦培训地点确定了，就要及时通知培训者和受训者。

6. 培训时间

培训时间的确定是培训计划中的一项非常重要的内容。确定培训时间主要应考虑两个因素。

一是培训目标。培训目标如果是为了应对组织面临的紧急情况，比如引进的新设备无人能够操作，就要尽快安排培训时间，而且要在设备开始运转前就实施培训。

二是受训者的实际情况。员工工作任务比较重时，最好不要安排培训，这样会影响到正常的工作进度，也无法保证培训的效果。

（四）评估培训效果

培训的最后一个环节就是评估培训效果，即对培训的有效性进行评价和反馈。培训的有效性指的是组织和个人从培训中获得的收益。对于员工来说，收益意味着学到了新的知识和技能，个人得到了成长和提高；对于组织来说，则带来了整体绩效的提高、顾客满意度的增加等。

评估培训效果是指针对培训结果，运用一定的方法或测量标准检验培训是否有效的过程。评估培训的效果不仅能够考察此次培训活动是否达到了预期的效果，更重要的是为以后的培训提供了改进和优化的依据。

　　培训效果评估的方法有很多，在进行具体的评估时应当根据评估的内容来选择合适的方法。进行反应层评估时，常常采用问卷调查法、访谈法等；进行学习层评估时常采用考试法、演讲法、讨论法和演示法等；进行行为层和结果层评估时，更多的是采用评价的方法。

三、数智化时代员工培训开发的创新模式

　　目前，在这个信息量大、资讯丰富的快节奏中，移动互联网技术的发展更是突飞猛进，进而也衍生出了很多高效的线上学习平台，即移动端的学习，各种学习App、学习平台增长迅猛，相比较之前的线下培训，可以通过钉钉、企业微信、腾讯会议室、讯飞等一系列App的线上培训达到同样的企业培训效果。移动互联网技术的补充让在疫情发展不明确的情况下，有效提升培训效果。特别是对理论知识的培训可以不受线下培训的次数限定，方便快捷地实现重复多频次的培训，这也是对传统培训开发模式的丰富和有效补充。同样，线上培训在不受空间、时间、环境等各种外因的影响下，能够更好地贴合企业或者是受训者碎片化时间的有效利用，充分展现随时随地学习的可能性，也有不可估量的作用。

　　线上培训方式在原有传统培训模式基础上，增加了技术手段，通过对技术的不断创新，以达到培训开发的数智化管理，有效地搭建适合企业的培训管理体系，为企业员工提供精准且有效的学习平台和学习方法，最大限度地挖掘企业员工潜能，极大地提高培训效果，并将其转化成企业持续发展的动力，提升企业员工的效能，提高企业整体效率，进一步推动企业效益，将培训结果转化为经济效益落地的成果。这种创新模式可以模拟线下的会议室、培训室环境，形成"一对多""一对几""一对一"的各种需求培训模式，更好地达成培训开发效果。

（一）培训开发创新模式的前图

1. 组织外部环境变化

　　近几年的外部环境变化因素，数字化、智能化的发展，加快推动大数据时代的来临，与我们的工作、生活息息相关。通过对各类大数据的分析，精准地找到市场消费者的需求，特别是个性化需求渐长的时代，企业就能通过收集、汇总、分析数据来对消费者需求和发展方向进行预判。仅仅凭借传统的主观经验对消费者需求和发展趋势进行预判做出战略决策的时代已经过去，仅凭这单一的决策依据，已经无法满足对市场发展趋势更多的判断和决策。企业的战略也将由"业务驱动"转向"数据驱动"，更丰富的决策数据依据，

使得决策方向和决策措施更精准。决策的精准、高效，也能够使企业在资源配置、资源组合等方面有效控制成本，同时也可以使企业在产业结构、工艺流程方面不断优化，智能制造，提高生产的效率与效能。

来到数字化时代，组织既要关注企业内部，也要关注企业外部，"协同"更倾向于对组织间、组织外部的"协作"。另外，需要说明的是，数字技术为组织间以及组织外部的协同提供支撑。这个关注将使得企业可以站在全球的高度去把握发展趋势，也是企业良性发展的支撑，能够让企业有更多的国际交流、行业交流的机会，可以更加快捷便利地引进优秀先进的企业管理方式、经验等。透过数字化的现象能够看到数据背后的真实情况，不断地对数据进行收集、汇总、分析，得到企业相应培训的各种需求，以便支撑企业战略目标的有效达成和实现。

2. 企业发展需求

企业的发展核心要素：人力资源、产品。企业的各项经营活动需要依靠员工的成长与发展而不断实施落地，人力资源是第一生产要素，也是最有活力、最有价值、最具潜能的资本。面对竞争激烈的市场，企业员工也从专业型逐渐向综合型、复合型发展，企业员工也成为市场竞争的核心竞争力，企业在员工的"选、留、育、用"方面也在不断地实施与完善更加优化的人才激励培养策略。如何提升企业原有人员的各项工作效率、挖掘各种潜能，使其发挥最大作用？如何让企业招聘的新人更快融入企业，并能够适应企业的各个发展阶段，在结合企业原有特性基础上带来更多的外部创新？通过对新人的选拔、新入职培训、在岗培训、专项培训，他们将快速进入企业角色，发挥其优势，逐步成长为企业的核心骨干。

企业平台为员工的发展提供成长空间，个体强大对组织平台有较强的依赖性，当个体力量增强，组织也就具备更强的创造力。组织的发展离不开人才的发展，因其个体的差异化，可能会在组织中有不同类别的员工。组织的需求又与企业战略相结合，只有把有共性的员工凝聚在一起，通过企业培训，深入了解企业、了解企业的发展，有效地完成人岗匹配，让其适配度达到最优，才能体现企业培训在组织发展中的重要作用。企业员工的潜能通过培训与挖掘，也会不断地被开发，当员工的素质和能力被激发，其创造力也同样增加，主动性被调动，才能适应企业的发展速度。纷繁复杂的市场竞争也必然使人才团队壮大。还有一些校企合作，直接完成企业人才的定向需求培养，特别是对于紧缺急缺人才培养，这也就体现了快速高效的效果。我们所熟知的一些企业大学、商学院、各种工作站也是根据企业的组织发展而出现，培养出一系列企业发展需要的人才梯队，更加贴切地解决企业人才需求、人才短板等现实问题，也有利于形成企业的人才核心竞争力，增强企业的市场竞争力。

3. 培训开发认知度提升

企业的不同行业、类别和各个发展阶段，对培训开发的需求不同。随着人力资源管理的先进理念不断被引进，从之前的"舶来品"到现今的更适合国内企业发展的人力资源管理策略，无不显示着企业管理者对人力资源管理的重视。而企业在核心价值方面也更注重对人才的培训开发，既有引进外部优秀人才，也有通过内部培养重点岗位的核心骨干。通过对人才梯队的培训搭建，不断丰富人才类别，在各个序列的岗位都有培训意识的提升，比如在管理类，可以有跨岗位的培训内容；比如在职能类，可以有技术类、管理类的培训内容。培训开发不仅在原来的专业领域之内，更多地发展为横向增加培训内容的宽度、纵向增加培训深度，也从最开始的单一专业的培训，朝着综合复合型的培训方向发展。

对培训开发的认知度从最开始的不需要，到逐渐尝试，接着到精准化，再到目前的数智化、复合化，这些都与企业的战略规划密不可分。越来越多的领导者认识到培训带给企业及企业员工的重要作用，通过培训开发能够将企业文化、规章制度、操作流程、岗位要求等信息精确且有效地传达到员工，快速及时地将企业资讯通过正面渠道进行传播。另外，在企业投入的培训预算费用方面也可以看到其对培训的重视程度在不断地深化，有不少企业投入专项经费进行培训体系搭建、内训师队伍组建等，更有企业通过内部培训课程梳理与开发，参与到行业标准的建设中，不断将企业的优秀案例和经验进行提炼。即便是在疫情影响的情况下，仍然有很多企业持续开展培训工作，且有不少企业增加了培训的项目。

4. 员工职业规划需要

企业员工在自身的职业生涯规划方面，朝着既定的目标成长，除了在学校的理论知识学习、社会职场的实践操作，更多的时间是在进入职场后从事各岗位的实操经验积累。特别是对于初入职场人员，培训就成为在职场中迫切且快速有效的成长方式之一，既能将所学的理论知识付诸实践，也能结合培训转化成经验。当然对于进入职场一段时间的人员，有转行业选择、重新择业的需求时，也将面临知识和技能的重新培训学习，提高对岗位的认知、提前积累岗位经验，在此过程中培训必将起到关键性作用。

实操所积累的知识点，有自身学习的专业知识，也有非专业的其他知识，这就需要通过培训不断学习积累，完成专业知识、专业技能、跨专业知识及技能的培训学习。数字化、智能化时代，对传统时代的人才提出了新要求。企业对人才的需求，特别是对复合型优秀人才的需求，要求员工突破自我，快速高效地进行跨专业、跨领域的培训学习，积累专业相关的各种知识点，丰富自我的实操经验。

5. 培训专业度提高

随着培训需求的不断变化发展，培训开发工作也逐渐从单一的课程学习、简单的教学培训转向学习平台的多元化培训内容开发、互动教学、线上线下教学、模拟现场、一对一等创新模式。在多元化培训模块的开发中，细分专业领域，既促进了员工横向的综合能力积累，也有对员工纵向专业方面的"精、专"深度挖掘。不少企业在培训模块的投入也逐年增加，不仅是预算费用，在课程开发、培训软件小程序研发、培训方式模式等方面都有不同程度的关注度提升，且在实际操作中也不断实践。和研发产品、销售产品领域一样，企业不断对培训开发进行创新。

（二）培训开发创新模式的思考

数智化时代面临转型的企业，在其转型的过程中，培训开发工作者承担了对员工学习赋能的重要职责，面临很多前所未有的挑战。特别是员工人数较多的大中型企业，培训开发工作不但为企业战略实施提供保障，也为企业转型传递正向的信息，更是培育数字化人才、赋能员工，对企业文化的传承也起到承上启下的作用。面对如此艰巨的培训开发工作，有效利用互联网技术，创新培训开发模式，使得企业员工能够积极参加培训，培训结果有效转化，各种模式的体验感和培训收获也就显得尤为重要。

1. 培训开发数据化

受互联网硬件条件限制是传统培训开发工作的现状。从培训开发需求收集、信息汇总整理、资料分析、培训工作开展、效果评估等整个培训开发过程的各个环节，都可能存在许多的不足和缺失。比如，前期的培训开发需求信息收集不全面，无法清晰地了解员工培训需求，员工的绩效考核结果不能反映其有待通过培训来提高的方面，信息分析不够全面，培训开发缺乏可依据的基础信息导致没有针对性。这些问题将会造成企业员工培训开发的效果不佳、资源浪费。

大数据时代，通过员工在企业学习平台的数据，包括不同岗位、不同年龄员工的学习课程内容、学习时间、学习频次、学习时段等数据的汇总分析，发现员工的学习兴趣、学习偏好、学习习惯等个性化特征，就有利于根据数据的对比结果按照职位、年龄、学习特征等不同维度来划分学习模型。同时结合分析员工的绩效考核结果，针对绩效偏弱的指标设计不同学习课程、学习方法。改变传统的培训开发决策模式，由凭经验、凭感觉转变为凭数据、凭结果，真正将培训开发落到实处，而不是流于形式，虽然也会增加信息数据收集、分析等人力、物力方面的投入，能够精准地开发培训课程，达到提升效率的培训目标，培训后创造的价值回报大于投入。

2. 培训开发模拟化

随着培训开发的不断发展，结合互联网的信息技术，培训技术也日新月异，从线下的授课式理论培训，逐步发展为线上的授课式培训。但仅仅是理论知识的学习显得比较单一，内容丰富度不够，更需要在实际工作中的实操培训，这也使得很多培训开发创新在各种场景中得以展现。越来越多的各项技能培训，通过虚拟场景、AI、3D技术来实现，不断地将岗位所需要具备的知识理论要求、技能要求、实操要求等通过技术手段来进行探索。

比如，我们所了解的一些技能培训：

（1）销售人员的销售技巧，通过到某一个终端市场的销售技能培训，由参训人员对销售员角色在市场一线的体验，了解客户、消费者对产品的不同需求点，以销售产品为桥梁，在与其互动过程中推销产品、吸引消费者、找到销售卖点，形成同类产品的差异化，让消费者有购买意愿和选择，达成销售目标。在销售技巧的培训积累过程中，不断培养良好的思考力和学习力，形成较好的团队协作能力，打造具备高素质、专业度强的销售团队。

（2）研发人员研发新产品，既要有对原来产品结构及基础产品知识的培训，也需要有对市场需求的调研培训，通过培训了解新产品的调研内容、方向、关键点，形成的调研报告能够提供产品研发的方向决策依据。研发人员的专业可能没有市场调研的知识储备，通过培训逐渐完善该方面的认知了解，提高对业务的理解力，设计有效果的市场调研问卷、竞品信息收集，通过对调研资料的汇总分析，协同市场人员共同完成新产品的前期开发调研工作，面对挑战性的工作任务也能更好地完成，也将有效地研发符合消费者需求、市场需求的各类新产品。

（3）生产人员通过技能培训比武大赛，在组织中开展公开公平的技能培训活动，形成良性竞争。发掘技能突出的优秀人员，发现技能不熟练、有短板的员工，在后续开展培训中能够精准找出培训需求，有效地对员工进行培训，解决员工遇到的问题，提升工作效率。也可以形成"传帮带"的师徒培训方式，建立精准、长期有效的培训模式，高效地将培训周期与日常工作相结合，有利于巩固培训成果，助力员工弥补短板，使员工得以成长。

3. 培训开发社群化

随着层出不穷的社交媒体更迭，越来越多的办公平台、培训平台、教育网络机构应运而生，在此基础上直达培训者的社群也逐渐形成。用互联网工具，通过培训，去解决实际工作中的痛点。与网络培训不同，社群方式有更多的讨论空间，大家因为某一项关注点而聚集，互动性更强、专注点也更加聚焦。

社群的发展使得有相同学习目标的人群更为紧密地汇聚，使得培训开发目标也更为精准，减少了很多中间环节，让受训者体验感增强。在培训学习过程中，受训者相互之间的学习动力增加，形成良性的竞争，培训学习效果极佳。这种学习的方式，也不受环境、时间等外因的影响，随时随地都可以进行，也会使员工更为积极主动、自愿自觉地养成终身的学习行为。

培训开发者也能直接感受到受训者的意见，快速调整培训开发的重点，及时整合有效资源信息。并结合组织需求，为企业员工提供定制化的服务，开发出更适合不同组织的专项培训。经过对培训信息的收集汇总、分析加工，形成培训开发的基础，找准合适的受训人群。常见的培训平台如下：

（1）外语方面培训：HelloTalk、扇贝、有道、百词斩、流利说等，为受训者在全球范围内不同城市匹配各类语言的学习伙伴，通过图片、文字、语音等完成语言交流。受训者在交流过程中得以提高各类外语说听能力、沟通能力，推动企业国际化发展，加强国际交流学习。

（2）Office办公软件培训：我要自学网、虎课网、慕课、腾讯课堂等，这些学习平台可以高效地展示和应用办公软件中最常用的文字、表格、图片、演示等多种功能，使企业职能人员的办公效率大大提高，减少纸质化办公的烦琐，更加有效地推动无纸化办公。

（3）综合性培训：学习强国、ERP、混沌、环球网校等，充分满足了互联网条件下各类人员的多样性、自主性、便捷性的学习需求，能够有效地进行时政资讯、办公软件、企业管理、职称职技等多维度的培训。

（4）商业培训：中欧、长江、哈佛商学院、高校商学院课等，及时了解国际、市场、管理、政策等前瞻性实时动态资讯，除了组织之外的有效链接协同，增加国际视野和商业知识。

（5）读书培训：喜马拉雅、樊登、蜗牛、Ibook、藏书馆、Z-Library等，资源丰富，实现阅读自由，能够一边阅读一边做笔记，还可以写评论，记录阅读时的思考、想法，增强自我培训提升。

社群化培训的出现，让很多员工不仅在组织内形成学习圈、学习氛围，还可以和组织外部人员进行学习交流，也使得员工可以根据自我喜好、自我成长、发展规划来选择更加适合自己学习的路径，以便快速聚焦自我职业生涯发展和成长。此外，还可以把各种的学习资源进行分类汇总，形成符合企业培训需求的学习平台，涵盖企业发展及员工自我成长的各类知识及技能，比如管理、业务、专业、通用、文化、制度等各个方面。

4. 培训开发专业化

根据国家下发的《关于加强新时代高技能人才队伍建设的意见》文件精神及"十四五"职业技能培训规划，技能人才是中国制造、中国创造的核心。增强核心竞争力、科技创新能力，需要不断地加强高技能人才队伍的培训开发及建设。

企业培训开发可以协同职业学校、政府、社会机构等多方力量共同建立人才培训体系，实现产教研融合、校企合作、定制培养、企业大学等各种培训开发创新模式。让企业的技能人才通过知识更新、创新技术、改造工艺、结构优化等不断提升技能，依托培训中心、实训基地、见习（实习）基地、大师工作室、工匠工作室等，大力培养高技能人才。通过培训开发专业化的发展，有效结合政府政策引导、学校学科改革、企业战略人才需求、社会机构培养等，使得各类人才的选拔、培养、实践等在各个环节都能有所保障，特别是在紧缺、急缺人才方面，能够有自主培养、成长的一批栋梁之材。

培训开发专业化的发展，根据培训开发需求不同而有所不同。以技能人才培训开发为例有：①就业技能培训：毕业生的就业指导、见习实习、技能实操训练，专项职业技能及岗前培训；②岗位技能提升：原有技术知识更新、丰富内容，增加安全生产、工伤预防等技能的提升；③创新创业：有创业意愿的人员，对其进行创业政策辅导，在创新创业意识、创业综合能力等方面培训；④企业新型学徒制：具有中国特色的企业新型学徒制培训开发模式探索，"工匠精神"的传承，不断挖掘企业员工的潜能，增强其核心竞争力，达到培训开发的效果，转化培训成果，使企业不但具备市场竞争力，更具有持续发展的动力。

5. 培训开发互动化

培训开发的内容丰富，从原有的知识性培训课程到实操的技能培训课程，再到现在的模拟培训课程，不再因为单一的培训而显得单调枯燥。

从原有理论知识培训的一对多模式，到一对几、一对一的培训，也就是我们现在说的"师徒制"培训模式，在技艺技能传承方面的培训效果尤为明显当下万众瞩目的"大国工匠"，都有独特的精湛技艺，如何传承，事关国运。在商业回报并不理想的前提下，要激发学习兴趣，吸引更多有志者参与，数智化背景下的师徒培训模式将起到关键作用。

随着手机使用的普及，互联网终端用户群体逐年增加，越来越多的培训App出现，我们所熟知的B站、抖音、快手等都成为培训的载体。有高校的云课堂，让非学生的受训者感受高校大师的授课；有教育博主的直播间，除了生动的教学也有幽默的互动；有技能大赛直播，让很多人通过视频直播，感受各类大赛的现场氛围；等等，这些互动性极强的培训模式，让培训学习更为轻松，寓教于乐，培训效果也相应提高。

总之，数智化时代背景下要实现"科技强国、人才强国"的目标，需要立足于人才的发展建设为基础，整合各方面的资源，不断强化各个环节的培训开发工作。通过培训开发可实现员工知识储备、技能水平提高，工作积极性和主动性增强，自觉自愿地发挥其主观能动性，能够胜任岗位要求或者是超额完成工作绩效，不断创新，激发潜能，为企业的发展创造更大的价值。企业通过培训开发，能够发掘一批高技能人才，储备企业发展的人才资源，同时培养更多的综合型、复合型的企业人才、技能人才、专项人才，为企业的持续发展做好人才培养，将培训开发结果有效地转化为企业经营效益提升、核心竞争力增强。

第四节　事业单位专业技术人才培训与开发

事业单位作为履行社会职能的组织，要抓好人才这个关键因素，培养造就一支稳定、成长、专业化的专业技术人才队伍，才能为党和国家事业高质量发展提供有力支撑。新时代赋予新使命，新形势提出新要求。事业单位的专业技术人才建设也要适应新变化、瞄准新方向，更好地履行所肩负的职责。专业技术人才的成长和发展离不开培养，而培训与开发作为人才培养的重要环节，是事业单位提高专业技术人才能力与素质必须解决好的重大课题。

本节立足于知识与技术密集型事业单位的人才队伍建设实践，运用现代人力资源管理中关于培训与开发理论，分析现阶段事业单位专业技术人才培训与开发工作存在的差距和不足，并有针对性地提出优化建议。

一、事业单位专业技术人才培训与开发存在的不足

面对世界科技和产业快速发展的新形势，面对国际竞争的不断升级，事业单位作为肩负着重要社会责任的服务组织，必须增强忧患意识，更加重视人才的自主培养，加快建立自身的人才资源竞争优势。专业技术人才作为事业单位履行职责的核心条件，其培养更是有着自身的必要性与紧迫性。专业技术人才培养，不仅要加强其在专业领域的知识水平与能力，而且也要对其政治素质、实操技能、心理素质等方面进行综合培养。事业单位必须坚持守正创新，聚焦国家发展需求，以专业技能为重点，在充分考虑事业发展需求和人才成长成才需求的基础上，提出创新性、适应性、可操作性强的培训与开发举措。

对照新形势对人才培养提出的新要求，当前事业单位在专业技术人才培训与开发方面还有差距，共性问题主要表现在以下四个方面：

一是培训与开发的规划性不够。一些单位往往是临时、随机安排培训与开发工作，或者仅是简单列出培训与开发计划，没有真正从需求的角度来进行整体分析，从而导致培训与开发规划的针对性、系统性不足。

二是培训与开发的内容不够全面。当前对专业技术人才的培训与开发，其内容主要侧重于专业知识方面，而对实操技能、综合素质、职业发展规划等方面还远远不够，内容的全面性有待完善。

三是培训与开发的形式单一。目前，大多采取请老师授课的单向方式，未能根据具体培训与开发的内容来选择不同的形式，形式的多样性有待提高。

四是培训与开发的评估缺失。一些单位往往只重视计划和实施阶段，效果评估阶段很简单或是根本没有，没有形成培训与开发的完整体系，未能形成有效闭环。

综合以上情况，不断提高培训与开发工作的有效性和科学性，是很多事业单位共同面对且亟待解决的重要课题。

二、事业单位专业技术人才培训与开发建议

基于以上分析，为了有效组织和开展培训与开发工作，提高培训与开发的质量，努力为事业发展提供源源不断的内生动力，笔者从需求分析、内容设计、形式安排和效果评估四个方面，对事业单位特别是知识与技术密集型事业单位的专业技术人才培训与开发，提出以下优化建议。

（一）系统分析培训和开发的需求

需求分析作为培训与开发的第一个环节，是影响其能否取得良好效果的关键。只有对培训与开发进行系统的需求分析，才能形成目的明确、目标可衡量的系统性的实施计划，同时也能够作为后期进行效果评估的重要依据，从而不断提高培训与开发的效果和质量。

培训与开发的主要需求是工作能力、绩效与岗位标准要求之间存在的差距。事业单位基于其特殊的社会职能，更要将专业技术人才的个体层次需求和单位整体的发展层次需求结合起来进行分析。需求分析具体可以从三个层面来进行：一是组织层面，要考虑单位的发展战略及其在长期和中期所要达到的目标，从而明确单位发展方面的需求；二是岗位层面，要分析不同部门、不同工作岗位对专业技术人才应具备的知识、技能以及其他方面综合素质的要求，立足于实际工作中专业技术人才与这些要求的差距，从而明确岗位要求方面的需求；三是个人层面，在坚持"以人为本"理念的基础上，充分了解专业技术人才对自身职业发展和自我价值实现方面的规划和愿望，从而明确个人发展方面的需求。人事部门可以采用观察法、问卷调查法、访谈法等多种方法来了解，为以上三个层面的需求分析提供真实可靠的依据。

（二）科学设计培训和开发的内容

内容安排始终是培训与开发的重点，这直接关系到专业技术人才是否能够从中有所收获，从而更好地完成实际工作以及面对未来的变化和发展。科学设计培训与开发的内容，既要与实际工作联系，也要与人才培养的发展趋势相适应。

作为事业单位专业技术人才的培养，应该包含岗位能力、实操技能、心理素质等多个

方面，全面提高其履行岗位职责的能力和综合素质，培训与开发的内容设计可以包括以下三个方面：

一是单位发展战略和文化价值观方面的内容。让专业技术人才清晰地了解单位的职能定位、发展方向及主责主业，能够明白自己的工作与单位发展之间的关系，提高与组织价值观念的契合度，以期获得价值认同。

二是岗位要求的各项专业知识、技能和其他能力。切实提高人才的专业技术水平，以及更好履职的综合能力，可以增强其工作的自我实现感，以期获得自身价值发展和提高工作绩效的融合。对知识与技术密集型、业务工作国际化程度高的事业单位，还要特别注意相关领域科学技术发展趋势、国际动态等方面的内容安排，确保培训与开发的前瞻性。

三是职业发展规划和路径的内容。让专业技术人才有清晰的阶段性目标和自我发展方向，明确自身发展规划，以期获得自身价值实现。只有将多方面的内容丰富起来，才能使专业技术人才在满足岗位需求的同时，增加工作满意度和与同事之间的凝聚力，增加对单位的认可度，更好地推动实现单位发展战略。

（三）合理选择培训与开发的形式

再好的内容也需要通过一定的形式来实现。培训与开发的形式作为实施阶段的工具和途径，对最终的效果和质量都有着重要的影响。为了保证培训与开发对实际工作真正起到支持与指导效果，并且让专业技术人才主动参与、积极配合，培训与开发就要选择适当、多样的形式，从而营造一个良好的学习环境，使培训与开发达成预期效果。

除了传统的由人事或相关部门组织的集体授课形式，还可以加入以下四种形式：

一是部门内部培训与开发。这种形式对工作的实际指导意义更加有针对性，且可以与日常的工作同步进行，不仅有利于在部门内形成良好的合作交流环境，也有利于人才梯队的发展。

二是在线网络培训与开发。这种形式可以让员工根据自己的时间来安排学习，突破时间、空间的局限，具有更大的灵活度和易操作性，可以减少因工作任务繁重又不得不参加培训时的抵触情绪。

三是专项培训与开发。这种形式更加有针对性，可以分批、分期地组织不同专业及不同岗位的人才进行培训与开发，达到因人而异、事半功倍的效果。

四是分享式培训与开发。这种形式往往是建立在实践经验或发挥集体智慧的基础上，可以让专业人才走出自身工作的局限性，相互讨论并给予启发和思考，有利于之后工作的创新发展和提升。

（四）注重培训与开发效果的评估

只有形成闭环的良性循环，才有可能持续保证培训和开发的高质量。培训与开发的评估阶段必不可少，在完成培训与开发工作之后，应该对其效果进行全面评估，包括知识、技能、情感、对工作的支持与指导效果等多个方面。通过完善效果评估手段，可以及时总结问题、做出科学的评价，为后期改进完善提供有效的依据和指导，有助于持续提升培训与开发的质量，更有助于建立健全培训和开发体系。

为了能够使培训与开发达到事先预期的效果，并根据实际情况适时进行改进和完善，可以针对不同类型的培训与开发分类采取相应的评估手段，具体可采用以下三种方式：

一是现场测试。即在结束后可以由老师或者人事部门出题进行测试，这是对培训与开发的效果最直接和快捷的检验方式，可以通过对测试结果进行分析及时得到是否达到预期目标的反馈。

二是填写调查问卷。这种方式可以通过调查问卷的形式让受训者对培训与开发的内容、形式、授课者、提升建议等从多个角度来反馈，使评估结果比较全面，从而有助于整体评估和对之后的培训与开发做出改进。

三是效果追踪。这种方式往往是通过实践检验的方式进行效果反馈，需要较长的时间，可以从受训者行为、绩效提升、管理者访谈等方面来评估，对评估培训与开发对实际工作的指导效果比较有效。

总而言之，事业单位要服务于经济社会发展，归根结底离不开人才。只有将引进来的人才培训好、发展好，才能用得好、留得住，从而推动事业发展，更好地履行社会职能。事业单位专业技术人才的培训与开发作为实现人才培养的重要环节，必须予以足够重视，建立一套完整科学的全流程管理体系。只有坚持科学管理的理念，合理设计每个阶段并形成有效的评估机制，才能形成有效闭环，从而不断提高培训与开发的质量和效果，促进人才成长和事业发展之间的良性循环。

第五节　员工职业生涯管理的思考

职业生涯管理的重要环节是职业生涯规划。职业生涯规划是指对员工工作及职业发展的设计，协调员工个人的需求和公共组织的需求，实现个人和组织的共同成长和发展。它的制订者既包括个人，也包括组织以及二者之间的反馈与互动。

一、个人的职业生涯规划

（一）个人职业生涯的阶段

每个人的职业生涯都经历了不同的发展阶段，在各个阶段中个人努力的方向也不尽相同。充分了解和研究职业生涯发展阶段及其性质、特点，把握不同职业生涯阶段的员工的需求、行为和心理特征，有助于组织开展职业发展管理活动，采取相应的人事选拔、调配政策和激励措施。对职业生涯阶段的划分，一般而言，可按照个人一生中不同时期的特征差异将职业生涯大体分为四个阶段。

1. 职业探索阶段

在这个时期，个人从媒体、家庭、学校和书本中获得职业的概念，有了选择一份理想职业的愿望与要求，能够正确评估自身的优势和弱点，认真探索各种可能的职业选择，并试图将自己的职业选择与他们对职业的了解以及通过学校教育、休闲活动和个人工作等途径获得的个人兴趣和能力匹配起来。此时，职业生涯发展的主要任务是学会运用自我判断、分析信息等方法初步选择、确定适合自己的职业发展方向，并为此开始准备和努力。这一任务主要是在家庭和学校中完成。

2. 职业建立阶段

这一阶段是大多数人工作生命周期中的核心部分。个人角色发生了重大变化，踏上了工作岗位，要完成从一个择业者到一个职业工作者的转换过程。此时，个人职业生涯发展的主要任务是获得最初的职业体验，接受第一份工作任务；发现和处理职业梦想与现实的差距以及由此引发的心理问题；调整自己的价值观和行为习惯，适应组织文化，学会与领导、同事们建立良好的人际关系；学会享受工作带来的成功或克服可能出现的挫折；评价自我的工作能力及判断职业选择的正确与否并在此基础上确定下一步的职业愿景。

3. 职业发展中的持续阶段

职业发展中的持续阶段包括个人职业生涯的中期（35岁～45岁）和后期（40岁～55岁）或维持期。在职业发展中期，由于经验的积累，有些人被组织委以重任，有了一定地位的成就感、安全感和稳定感；而有些人则与其原有的职业梦想差距较大，面临着职业危机，他们会选择跳槽或转换到新的工作领域。此时职业发展的主要任务是，处理好自我发展与家庭发展的矛盾，使其与工作协调起来；进一步学习、发展自己的职业绩效标准，寻求提拔、晋升的机会，稳固自己在组织中的地位。其他未成功者可能要重新评估自己的能力，做出新的职业选择决定，调整自己的职业发展方向。

在职业发展的后期即维持期，员工以其资历和贡献，向组织证明其已向组织提供价值，希望得到组织的认同和重视。在行为上，员工已经减少了工作流动频率，比较安心于现有的工作，但也害怕随着年龄的增长面对的机会减少而加大裁员危险。此时，职业发展的主要任务是希望稳定地延续组织工作，维持工作领域中既有的职位与成就，或者寻求进一步提升的机会。

4. 职业衰退和离职阶段

在这一阶段中，随着个人健康状况和工作能力的衰退，职业活动能力与职业兴趣逐渐减弱，个人面临着从组织中退出、交出原有权力和责任的境遇。此时的主要任务就是要认识和接受退休的事实，尽快从家庭和社会生活中寻找新的满足源；学会利用既有的知识和技能从事自己的"职业后生涯"；在家庭、朋友和社区的关爱下平静地安度晚年。

此间，组织可通过以下方式帮助处于职业晚期的员工：第一，认真审视人力资源政策中对资深员工会产生影响的各种传统做法；第二，调查资深员工的需要；第三，提供模拟退休的中长期休假；第四，发展退休计划；第五，提供多种弹性工作方式以供选择。

个人职业生涯发展的四个阶段，实质是组织与个人相互交往和作用的过程，尤其是中间的两个阶段，它是组织需要与个人满足不断适应的过程。至于这种适应过程是否顺利、有效，在很大程度上取决于组织怎样辅助员工设计和发展职业生涯规划。

（二）个人职业发展的道路

1. 立足本职的道路

人在职业成长的初期，通常是把"发展本职工作"道路作为首选道路。因为组织的事业可能是不断发展变化的，个人的职业能力、素质也是具有一定的可塑性的。立足本职工作的职业道路可以为新进入的人员提供职业适应、培训和成才方面的客观条件。

2. 转换职业的道路

在转换职业决策过程中，应把握的要点是：

（1）慎重选择职业的领域和用人单位

第一，在长期目标的统帅下设计自己的职业生涯。因此，第一步必须清楚自己的职业目标是什么，并注意职业目标应随时间及实际情况的变化进行动态调整。

第二，根据长期的职业目标观察潜在的用人单位和职位，也就是观察这项工作对个人的最终目标有多大帮助。

第三，为长期利益接受短期折中方案，一些低工资的工作可能提供相当宝贵的培训机会或职业接触机会。

第四，仔细考虑是否接受高度专业化的或者比较隔离的工作安排，因为这类工作可能会限制或阻碍今后职业生涯的发展。

（2）了解清楚自己的现状

第一，对本人现有工作中存在的职业发展机会做出清醒的判断，例如是否存在本人需要的那种培训机会。

第二，认真并如实地评价自己的业绩，同时要清醒客观地估计领导及同事对本人业绩的评价。

第三，当个人和组织之间相互需要的程度下降时，应该能够认识到这一状况。这不是承认失败而是正确地把握现状。此时，组织已不能为个人提供更多的发展机会，同时个人对组织的贡献也开始下降。这种情况有五种征兆：对所做的工作不感兴趣、提升受阻、组织管理不善、劳动付出没有得到相应的报酬、无法实现梦想等。

（3）选择流动（离职）时机

第一，应该选择在对本人最有利的时候离职。为此必须准确判断两件事情：一是清楚离开原用人单位的动机；二是是否已找到适合自己长期职业生涯计划的新的工作机会。

第二，友好地离开现在的组织，而不是在有争议的情况下离开。

第三，除非找到另一份工作，否则不要辞掉现在的工作，因为在职状态更容易找到新的工作。

3. 自我创业的道路

自我创业，即不从劳动力市场现存的职业需求岗位中寻找职业和谋求发展，而是把握并在市场中寻找创业机会，运用自己的能力及各种资源举办个体、私营、私人合股企业，开拓自己的事业。自我创业是一条自由的、现实的、艰辛的，然而又是广阔的、富有挑战性的职业生涯之路。

二、组织职业生涯规划

（一）组织目标与个人职业生涯规划的兼容

职业生涯的规划涉及员工和组织两个主体。从组织的角度看，员工职业生涯规划包含着使个人潜在贡献最大化的自觉尝试，由于员工面临多变的环境以及客观机遇的限制，或者由于对自己职业生涯的认识不足，因而准确地定位职业生涯方向和目标不是一件很容易的事情，因此组织应该尽力指导员工设计其职业生涯规划，为员工提供组织环境及组织发展的信息，如组织发展前景、战略规划、人员要求、选拔提升人员的政策、组织员工参加潜能测评及职业生涯研讨会等。组织的职业生涯规划是协调员工职业发展需要和组织人力资源发展需要的重要方面。组织帮助员工管理其职业生涯，有利于组织保持竞争力。组织通过培养有目标、有自信的员工，能够提高组织的稳定性。能够为员工提供满意的工作机会的组织，将在拥有忠诚、勤奋的员工队伍方面占有优势。

（二）组织的职业生涯规划内容

个人职业生涯设计与管理的成功与否，不仅取决于个人的主观努力，还取决于组织是否配合，是否为其积极创造条件。组织在个人职业生涯中，主要起指导和辅助的作用，具体表现在：第一，将人力资源规划与个人职业生涯发展联系、统一起来；第二，进行职业发展预测，分析职业发展走向；第三，系统研究组织提供的各种职业生涯发展的机制与通道，帮助个人开发职业能力；第四，向员工提供职业选择方面的信息，开展职业咨询；第五，促使员工更多地参与组织为职业发展安排的活动；第六，帮助个人协调或解决员工自我发展与家庭发展引发的冲突和矛盾，给员工以物质、精神和时间上的支持。

组织的职业生涯管理活动的主要内容如下：

1. 建立职业发展的信息与预测系统

员工个人职业生涯发展计划的设计如果要获得最大的实现可能，就必须与时代的发展和社会的需求相吻合。但个人由于精力、财力、空间以及认知能力的限制，其所掌握的职业信息的来源和通道是有限的。因此其必须依赖在这些方面存在着巨大优势的组织。组织在确立组织目标和进行人力资源需求预测的同时，就能广泛收集职业发展的信息，也能够预测职业发展的趋势，因此可同时建立起有关职业的信息系统。职业发展信息内容包括某一职业的性质以及其在社会中的地位和发展方向、从事该职业必备的资格条件、该职业的收入水平、职业生涯发展要求的知识结构与素质、在职业中晋升的通道等。此外，职业生涯信息总是处于变动中，这就要求必须对管理信息进行不断地维护和更新，以保证信息的有效性。

2. 提供职业咨询和职业管理指南

组织可以通过面谈、问卷、讲授等多种形式，由组织的领导者、部门主管和职业研究专家，向员工提供职业咨询，使员工明确职业开发方向，树立职业信心，理清职业发展思路。职业咨询的内容包括：①帮助员工分析自身的特性、职业锚、长处、短处和发展需要；②帮助员工学习职业生涯设计与管理，使其能够更积极地"经营"职业生涯；③提供组织内外部可选择的职业；④帮助员工解决职业生涯发展中出现的各种问题。

3. 制订职业生涯通道计划

职业生涯通道是对前后相继的工作岗位和经验所做的客观描述，表明在一种职业中个人发展的一般路线或理想路线。它建立在将职业角色放在一个不断变化和发展的状态的基础上，为员工合理使用和拓展能力提供各种发展机会，包括确定某种职业的进口和出口通道、职业的纵向流动通道、职业的横向流动通道三大方面。组织可以按照这种通道设计，寻找机会促进轮岗交流，从而使员工在技能和职业适应性方面得到全面的锻炼。职业生涯通道设计的内容是：比较和分析工作性质，在此基础上对工作进行分类，并确定胜任工作必备的条件；描述流动进步的条件，详细说明在职业生涯通道进程中所需要的资格条件；规定纵向流动中逐级上升的逻辑顺序和最低服务年限等。

4. 向员工开放工作岗位

将组织内每个工作岗位的信息向员工开放，要求员工根据自己的条件和职业期望选择适当的岗位。这是组织与员工之间双向选择的过程。同时，组织也能在这一过程中获得员工工作绩效的反馈信息，进而完善可供员工选择的职业标准。

5. 制订教育、培训计划

组织可以针对职业发展的要求和员工素质现状之间存在的差距，进行有计划的培训。教育、培训包括两个方面：一是工作经验、技能等实际才干的培养。一般通过师傅带徒弟或以榜样示范等方式实现。二是当工作经验不足以有效提供更多的知识时，员工就要接受正规的课程学习和教育，以丰富或更新知识结构，应对社会和组织提出的各种挑战，满足个人职业生涯发展的资格要求。

6. 制订工作—家庭平衡计划

组织中的员工除了职业生活外还有家庭生活。工作与家庭间的潜在冲突对员工职业生活的影响甚至超过个人发展目标对员工职业生活的影响。工作—家庭平衡计划可以使组织帮助员工正确看待家庭和工作的关系，缓解由于工作—家庭关系失衡给员工造成的压力。组织可以采取这些措施帮助员工调和职业和家庭的矛盾：向员工提供家庭问题和压力排解的咨询服务；创造参观或联谊等机会以促进家庭和工作的相互理解和认识；把家庭因素列入考虑晋升或工作转换的制约条件中，以及设计适应家庭需要的弹性工作制等。

第四章 员工绩效管理与薪酬激励研究

第一节 员工绩效管理与考评

一、绩效管理概述

（一）绩效管理的含义理解

绩效管理是指制定员工的绩效目标并收集与绩效有关的信息，定期对员工的绩效目标完成情况做出评价和反馈，以确保员工的工作活动和工作结果与组织保持一致，从而保证组织目标完成的管理活动与过程。

目前，在管理实践中，对绩效管理存在一些片面甚至错误的看法，要完整、准确地理解绩效管理的含义需要把握好以下四个方面的内容：

第一，绩效管理不等同于绩效考评。对于绩效管理，人们往往将其等同于绩效考评，认为两者并没有什么区别。其实，绩效考评只是绩效管理的一个组成部分，最多只是一个核心的组成部分而已，代表不了绩效管理的全部内容。

第二，绩效管理的目的体现在战略、管理与开发三个方面。绩效管理的战略目的在于，绩效管理能够将员工的努力与组织的战略目标联系在一起，通过提高员工的个人绩效来提高组织的整体绩效，从而实现组织的战略目标；绩效管理的目的在于，通过绩效管理，可以对员工的行为和业绩进行考评，考评结果是组织进行薪酬管理、晋升决策等人力资源管理决策的重要依据；绩效管理的开发目的在于，在实施绩效管理的过程中，可以发现员工存在的不足，在此基础上进行有针对性的培训。

第三，绩效管理是组织所有管理者的责任。绩效管理虽属人力资源管理的一项职能，但这绝不意味着绩效管理就完全是人力资源部门的责任。绩效管理的目的是发现员工工作过程中存在的问题和不足，通过对这些问题和不足的改进来改善员工的工作业绩，而对员工工作情况最了解的是其所在部门的管理者，因此，绩效管理是组织所有管理者的责任。

第四，绩效管理是一种经常性的工作。绩效管理的实施应当贯穿于管理者的整个管理过程中，在某种意义上，管理者的管理工作其实就是绩效管理的过程。绩效管理不是在绩效周期结束时对员工的绩效做出评价那么简单，而是要体现在管理者的日常工作中，成为一种经常性的工作，在绩效周期结束时对员工的绩效做出评价只是其中一个环节。

（二）绩效管理的主要作用

绩效管理对员工个人与组织的发展具有重要作用，主要表现为以下五个方面：

第一，绩效管理有助于提升组织的绩效。组织绩效是以员工个人绩效为基础而形成的，员工工作的好坏、绩效的高低直接影响组织整体绩效；组织通过绩效管理，改善员工的工作能力、工作态度与工作业绩，从而提高员工的工作绩效，进而促进组织绩效的提高。

第二，绩效管理有利于促进员工的自我发展。通过绩效管理，员工对自己的工作目标确定了效价，也了解到自己取得一定的绩效后会得到什么样的奖励，他就会努力提高自己的期望值，并不断地进行自我更新，比如学习新知识、新技能，以提高自己胜任工作的能力，改善自己的工作态度，取得理想的绩效，使个人得到进步和发展。

第三，有助于减少人员之间的冲突。绩效管理可以使员工明确自己的工作任务和目标，减少员工之间、员工与管理者之间因职责不明而产生的误解。绩效管理的目的是帮助员工改进业绩，鼓励员工自我评价及交流对绩效的看法，帮助员工找出错误和低效率的原因及改进措施，并不局限于上级评判员工，因而管理者和员工之间冲突减少，会更加积极合作。

第四，绩效管理有助于提高员工的满意度。绩效管理可从两个方面提高员工的满意度：其一，通过有效的绩效管理，员工不仅可以参与到管理过程中，还可得到绩效的反馈信息，这能够使员工感到自己在组织中受到重视；其二，通过有效的绩效管理，员工的工作业绩能够不断地得到改善，这可以提高员工的成就感。

第五，促进人力资源管理的其他相关决策。人力资源规划可借助绩效管理，对员工目前的知识和技能水平做出准确的评价，有利于人力资源质量方面的预测，这可以为人力资源供给和需求质量的预测提供有效的信息；通过绩效管理，能够对不同招聘渠道和甄选方式的质量做出比较，从而实现对招聘的优化；绩效管理可以帮助确定有针对性的培训需求；准确的绩效评价使员工的薪酬和绩效挂钩，有助于实现薪酬的内部公平。

二、绩效管理的内容

绩效管理的内容包括绩效计划、绩效跟进、绩效考评、绩效反馈与绩效考评结果的运用。

（一）绩效计划

绩效计划是整个绩效管理系统的起点，是指在绩效周期开始时，由上级和员工一起就绩效周期内的绩效目标、绩效过程等进行讨论并达成一致。绩效计划是对整个绩效管理过程的指导和规划，应随外部环境和企业战略的变化及时调整。有了明确的绩效计划后，就要根据计划来构建指标体系，指标体系的构建使员工了解组织经营的重点，为员工的工作提供指引。绩效指标体系包括绩效指标和与之相对应的各项标准。

1. 绩效指标

绩效指标是指组织对工作产出进行衡量或评估的那些方面，而绩效标准是指在各个指标上应该分别达到什么样的水平。换句话说，指标解决的是组织需要关注"什么"，才能实现其战略目标，而标准着重于被评价对象需要在各个指标上做得"怎样"或完成"多少"。绩效指标的制定应该遵循以下六个原则：

第一，定量指标为主，定性指标为辅。由于定量化的绩效评价指标便于确定清晰的级别标准，提高评价的客观性，在实践中被广泛使用。因此，绩效指标应尽可能选择量化指标。

第二，少而精的原则。要通过一些关键绩效指标反映评价的目的，而无须做到面面俱到。设计支持组织绩效目标实现的绩效指标，不但可以帮助组织将有限的资源集中在关键业务领域，同时可以有效缩短绩效信息的处理过程，乃至整个评价过程。

第三，有效性原则。一是指绩效指标不能有缺失，员工的全部工作内容都应当包括在绩效指标中；二是指绩效指标不能有溢出，职责范围以外的工作内容不包括在绩效指标中。为了提高绩效指标的有效性，应当依据职位说明书的内容来确定绩效指标。

第四，可测性原则。在选择绩效指标时，要考虑获取相关绩效信息的难易程度，很难搜集绩效信息的指标一般不应当作为绩效评价指标。

第五，独立性与差异性。独立性指的是评价指标之间的界限应该清楚明晰，当指标有多种不同的理解时，应当清晰地界定其含义，以免考评主体产生误解；差异性指的是评价指标在内涵上有明显的差异，使人们能够分清它们之间的不同之处，即便有些指标是一样的，因为每个员工的工作内容不同，各个指标在总体绩效中所占的权重应当有差异。

第六，可变性原则。在不同的绩效周期，绩效指标应当随着员工工作任务的变化而有所变化；各个指标的权重也应当根据工作重点的不同而有所区别。

2. 绩效标准

在设定了绩效指标之后，就要确定绩效指标达成的标准，绩效标准的确定有助于保证绩效考评的公正性。绩效标准也称绩效目标，是对员工工作要求的进一步明确，如产品合格率达到99.9%、接到投诉后24小时内给客户满意的答复等。绩效标准的设计要求符合SMART原则（SMART是五个英文单词的第一个字母的缩写）：

S代表Specific，意思是"具体的"，即要求绩效标准必须具体，不能过于原则、笼统或含糊其词，以保证其明确的牵引性。

M代表Measurable，意思是"可度量的"，即员工实际绩效与绩效标准之间可以进行比较。

A代表Attainable，意思是"可达成的"，绩效标准的难易程度适当，绩效标准过低，员工不用怎么努力就可以达成目标，这是对人力资源的浪费；绩效标准过高，员工非常努力仍不能达成目标，使员工产生挫败感，影响士气。

R代表Relevant，意思是"相关的"，绩效标准应与企业目标、部门任务及职位职责相关。

T代表Time-based，意思是"有时限的"，绩效标准应有明确的时间限制，规定绩效周期。

（二）绩效跟进

绩效跟进，也称绩效监控，是指在整个绩效周期内，通过上级和员工之间的沟通来预防或解决员工实现绩效时可能发生的各种问题的过程。管理者和员工经过沟通达成一致的绩效目标之后，还需要不断地对员工的工作行为和阶段性的绩效结果进行监督管理，才能帮助员工获得最终的优秀绩效。在整个绩效周期内，管理者采用恰当的领导风格，积极指导下属工作，与下属进行绩效沟通、辅导与咨询，收集绩效信息等。这四个方面也是决定绩效跟进过程中的监管是否有效、跟进是否成功的关键。

1. 选择恰当的领导风格

在绩效跟进阶段，领导者要结合下属的成熟度，选择恰当的领导风格，指导下属工作。随着下属成熟度的变化，领导者的管理风格也应该相应地做出调整。当下属对完成某项任务既没有能力又不情愿时，管理者需要给他们明确的指示行为，告知他们该如何去做；当下属不具备能力但却愿意从事该工作时，管理者必须要他们以支持或鼓励，让员工感觉得到重视；当下属具备相应的能力但工作意愿不高时，管理者对具体任务可以放手，但要强化沟通和激励，通过鼓励员工参与决策激发其工作意愿，建立信心以调动其积极性；当下属既有能力又有意愿时，管理者则无须做更多的事，只要授权即可。

2. 与员工持续沟通

在确定绩效目标后，管理者还应当保持与员工的沟通，帮助员工实现这一目标。在绩效跟进过程中，管理人员通过与员工持续沟通，可以及时了解到员工工作的进展情况，哪些工作进行得顺利，哪些工作遇到了困难与障碍，需要给员工提供哪些资源与支持，在绩效计划执行发生偏差时，及时了解相关信息并采取相应的措施帮助员工进行纠正。通过与员工的持续沟通，管理者还可以根据内外环境条件的变化及时调整绩效计划，使每个员工的工作业绩和组织的整体目标保持一致，在帮助员工改进绩效的同时提高组织的整体绩效。

管理者与员工的持续沟通可以通过正式沟通与非正式沟通来完成。正式沟通包括会议，正式面谈，书面报告，如工作日志、周报、月报、季报等；非正式的沟通方式有多种，常用的有：走动式管理、开放式办公、休息时间的沟通、非正式会议等。与正式沟通相比，非正式沟通更容易让员工开放地表达自己的想法，沟通的氛围也更加宽松。

3. 辅导与咨询

辅导是改善个体知识、技能和态度的技术，其目的是及时帮助员工确定哪些工作需要改善，需要学习哪些知识和掌握哪些技能。辅导应该是一个学习过程，管理者应该对此给予支持。咨询是管理者帮助员工克服工作中遇到的障碍。进行咨询时应该注意：其一，咨询应该及时，即在问题出现后立即进行；其二，咨询需要双向的交流，管理者应该扮演"积极的倾听者"的角色，鼓励员工多发表自己的看法；其三，不要只集中在消极问题上，谈到好的业绩时，应比较具体并说出事实依据，对不好的绩效要和员工一起分析问题存在的原因，并共同制订改进绩效的具体行动计划。

4. 收集绩效信息

在绩效跟进阶段，有必要对员工的绩效表现做一些观察和记录，收集必要的信息。目的在于：为绩效考评提供事实依据，以便在绩效周期末对员工的绩效做出客观评价；为绩效改进提供具体事例，向员工说明为什么他们还需要进一步改进和提升。管理者需要收集的信息包括：能证明目标完成情况的信息；能证明业绩水平的信息；关键事件。收集信息通常采用的方法有：观察法、工作记录法、他人反馈法。

（三）绩效考评

绩效考评，也称绩效考核或绩效评价，是指在绩效周期结束时，选择相应的考评内容和考评方法，收集相关的信息，对员工完成绩效目标的情况做出评价。为确保绩效考评结果的公正性、客观性和科学性，在绩效考评中应注意一些关键点。

1. 考评内容

在具体的考评中，由于考评目的的不同，绩效考评的内容及侧重点亦有所不同。绩效考评的内容通常包括三个部分：工作能力、工作态度和工作业绩。其中主要是工作业绩，工作业绩不等于工作能力和工作态度，但在一定程度上体现了员工的工作能力和工作态度。

（1）工作能力

工作能力考评是对员工从事工作的能力进行的考评。员工的能力包括基础能力、业务能力和素质能力三个方面。其中，基础能力和业务能力属于能力考评的范围，素质能力主要通过适应性考查来评价。在实践中，工作能力主要通过技术等级、职称等来体现。在对员工的能力进行考评时需要注意的是，由于员工的能力是"内在的"，很难加以量化，因此，通常要通过对员工的业绩这一外显的标准来间接地考查员工的能力。

（2）工作态度

在实际工作中，员工个人能力越强并不意味着其工作业绩就越好。如果员工工作态度不认真，他对组织的贡献远远不如那些能力一般但工作兢兢业业的人，所以，员工的绩效考评还要考评员工的工作态度。工作态度包括工作积极性、工作热情、责任感、自我开发等。由于这些因素较为抽象，因此工作态度通常主要通过主观性评价来考评。

（3）工作业绩

所谓工作业绩，也就是员工的直接工作结果。对员工的业绩进行评价，可以直观地说明员工工作完成的情况，更重要的是，工作业绩可以作为一种信号或依据，提示员工可能存在的需要提高改进的方面。一般而言，可从数量、质量和效率三个方面来衡量员工的业绩。但是，不同类型工作的业绩体现也有不同，例如销售人员和办公室人员的业绩就不能用同一套指标和标准来衡量。所以，要针对不同的岗位设计合理的考评指标体系，做到科学、有效地对员工的业绩进行衡量。另外，尽可能选择可以量化的指标来考评业绩，对于不能量化的方面，也要建立统一的标准，尽可能客观。

目前，我国许多组织从德、能、勤、绩四个方面的内容来考评员工。德是指思想道德，主要指是否遵纪守法、工作态度等；能是指工作能力，包括工作所需的知识、经验和技能；勤是指出勤情况，包括是否准时上下班、是否有旷工、上班时间是否认真工作等；绩是指工作业绩，即工作的直接结果。可以看出，德和勤相当于工作态度。

2. 考评主体

考评主体是指对员工的绩效进行考评的人员。为了确保考评全面、有效，在实施考评过程中，应该从不同岗位、不同层次的人员中，抽出相关成员组成考评主体并参与到具体的考核中来。一般来说，考评主体包括五类成员：上级、同事、下级、员工本人和客户。在绩效管理中，这五类人员参加考评各有其优缺点。

（1）上级。上级是被考评者的主管，是最主要的考评主体。其优点是：由于上级对员工承担着直接的管理责任，因此，他们最了解员工的工作情况，而且在思想上也没有更多的顾虑，能较客观地进行考评；此外，上级作为考评主体还有助于实现管理的目的，保证管理的权威。其缺点在于：上级主管往往没有足够的时间来全面观察员工的工作情况，容易受到领导个人作风、态度和偏好等因素的影响。

（2）同事。同事考评的优点是：同事比上级更了解被考评者的潜质、工作能力、工作态度和工作业绩，而且同事一般不止一人，可以避免个人偏见；此外，还有助于促进员工在工作中与同事配合。缺点是：人际关系会影响考评的公正性，与自己关系好的给高分，不好的给低分；大家还可能协商一致，相互给高分；还有可能造成相互猜疑，影响同事关系。

（3）下级。下级考评的优点是：下属对上级的工作作风、行为方式、实际成果有比较深入的了解，而且有其独特的观察视角，能够发现上级在管理能力方面存在的问题；可以促使上级关心下属工作，建立融洽的上下级关系。缺点是：对被考评者心存顾虑，不敢真实反映情况，致使考评结果缺乏客观性；还可能削弱上级的管理权威，造成上级对下级的迁就。

（4）员工本人。员工本人作为主体进行自我考评的优点是：能够增加员工的参与感，加强其自我开发和自我约束意识；有助于员工接受考评结果。其缺点是：员工对自己的评价往往容易偏高；当自我考评和其他主体考评的结果差异较大时，容易引起矛盾。

（5）客户。客户作为考评主体，即由员工服务的对象来对他们的绩效进行考评，这里的客户不仅包括外部客户，还包括内部客户。客户考评的优点：有助于员工更加关注自己的工作结果，提高工作的质量。其缺点是：他们更侧重于员工的工作结果，很可能不太了解被考评者的能力、行为和实际工作情况，使考评结果的准确性和可靠性大打折扣。

（四）绩效反馈

绩效反馈，也称绩效考评结果的反馈，就是使员工了解自身绩效水平的绩效管理方法，实现绩效反馈的手段是管理者和员工之间有效的面谈。绩效面谈为主管与下属讨论工作业绩、挖掘潜力、拓展发展空间，提供了良好的机会。同时，上下级之间进行面谈，能够让管理者更全面地了解员工的状况，加深双方的沟通和信任。

1. 反馈面谈的准备

（1）管理者应做的准备：一是选择适当的时间和场所。一般情况下，在绩效考评结束后，在得出明确的绩效考核结果且准备充分的情况下及时进行面谈。面谈地点可以根据实际需要灵活选择。二是熟悉被面谈者的相关资料。管理者在面谈之前应充分了解被面谈员工各方面的情况，包括教育背景、家庭环境、工作经历、性格特点以及职务和业绩等。

三是计划面谈的内容、程序和进度。管理者事先要将面谈的内容、顺序、时间、技巧等计划好，并掌握好面谈的进度。

（2）员工应做的准备：一是回顾自己在本绩效周期的行为、态度和业绩，准备好自己相关绩效的证明材料。二是正视自己的优缺点和有待提高的能力，做好自己初步的职业发展规划。三是总结并准备好在工作中遇到的相关疑惑问题，反馈给管理者，请给予理解和帮助。

2. 反馈面谈的实施

面谈的内容主要是主管将考评结果反馈给下属，并和员工一起分析员工工作中取得的业绩、存在的薄弱环节和主要问题，一起探讨解决问题的措施，明确今后的努力方向。在此过程中，管理者应循循善诱，使员工明白工作中的优缺点，鼓励员工自己分析问题，有些问题难以达成共识，应允许员工保留意见。同时，管理者还应注意倾听员工的心声，维护员工的自尊，使员工保持积极的情绪，从而使面谈达到增进信任、促进工作的目的。

面谈结束后，管理者要对面谈记录进行汇总，并绘制出员工发展进步表，帮助员工正确了解自己的绩效影响因素及自己的发展状况，提高改进绩效的信心和责任感。同时，组织也可以据此制订有针对性的员工教育、培养和发展计划，帮助员工找到提高绩效的对策。

3. 绩效反馈应注意的问题

（1）绩效反馈应当及时。在绩效考评结束后，上级应当立即就绩效考评的结果向员工进行反馈。绩效反馈的目的是帮助员工发现并分析工作中存在的问题，从而促使员工在以后的工作中加以改进，如果反馈滞后，员工不能及时改进，就达不到绩效改进的目的。

（2）绩效反馈时不能只告诉员工绩效考评的结果，而应当指出具体存在的问题并分析其原因，这样才能帮助员工了解自己的不足并制订有针对性的绩效改进计划。

（3）绩效反馈对事不对人。绩效反馈的内容只能是员工的工作业绩，而不能是员工的个性或习惯等其他方面，否则容易伤害员工，造成抵触情绪，影响反馈效果。

（4）绩效反馈时注意说话的技巧。在进行反馈时，对员工应当以平和的语气，正面鼓励为主，不批评、不指责，消除员工的紧张情绪，建立起融洽的谈话氛围。

（五）绩效考评结果的运用

1. 用于促进绩效改进

绩效管理的根本目的是不断地提高员工的绩效进而提高企业的绩效，所以利用绩效考评结果来帮助员工提高绩效，是考评结果得到运用的一个非常重要的方面。

绩效改进包括一系列的活动：其一，分析员工的绩效考评结果，明确其中存在的不足和问题。其二，由管理者和员工一起对绩效问题进行分析，指出导致绩效问题的原因。其三，和员工一起沟通，针对存在的问题制订绩效改进目标和计划，并与员工达成一致。其四，以绩效改进计划补充下一个绩效周期的绩效计划，并与员工保持沟通，指导员工的行为，帮助员工改进绩效。

2. 用于分配薪酬奖金

按照强化理论的解释，当员工的工作结果或行为符合组织要求时，应当给予正强化，以鼓励这种结果或行为；当员工的工作结果或行为不符合企业要求时，应当给予惩罚，以减少这种结果或行为的发生。最直接的奖惩就体现在薪酬变动中，绩效考评结果则能够为薪酬分配提供切实可靠的依据。一般来说，为增强薪酬的激励效果，员工的报酬中有一部分是与绩效挂钩的，当然，不同性质的工作，挂钩的比例有所不同。合理的薪酬不仅是对员工劳动成果的公正认可，而且可以产生激励作用，形成积极进取的组织氛围。

3. 用于调整职位

绩效考评结果是员工职位变动的重要依据，包括纵向的升降和横向的岗位轮换。如果员工在某岗位上绩效非常突出，则可以考虑将其调到其他岗位锻炼或承担更大的责任；如果员工不能胜任现有工作，在查明原因后可以考虑将其调离现有岗位，去从事他能够胜任的其他岗位的工作。对于调换多次岗位都无法达成绩效标准的员工，则可以考虑辞退。

4. 用于员工培训与发展

绩效考评结果为培训决策提供依据，培训的目的包括两个方面：一是帮助员工提高现有知识和技能，使其更好地完成目前岗位的工作；二是开发员工从事未来工作的知识和技能，使其更好地胜任未来的工作。绩效考评结果正好可以为员工的培训与开发提供依据，根据员工现任工作的绩效水平，决定让员工参与何种培训。同时，根据员工目前的绩效水平和长期以来的绩效提高和培训过程，和员工协商制订长远的绩效与能力改进的系统计划，明确其在组织中的发展路径，促进员工的职业发展。

三、绩效考评的方法

绩效考评的方法，可从两种角度来分类：第一类，分为相对考评法和绝对考评法。相对考评法主要包括排序法、配对比较法和强制分布法；绝对考评法常用的是评级量表法。

第二类，按照考评标准的类型，可分为特征导向型、行为导向型和结果导向型方法。

（一）相对考评法

1. 排序法

排序法是绩效考评中较简单易行的一种综合比较方法。它通常是由上级主管根据员工工作的整体表现，按优劣顺序依次进行排列。这种方法的优点是：简单易行，花费时间少。在一定范围内可将排序法的考评结果，作为薪资奖金或一般性人事变动的依据。其缺点是：不能对员工的具体业绩、能力和态度进行考评；员工得不到关于自己优缺点的反馈；无法对不同部门的员工做出比较；当员工取得的业绩相近时难以排序；对绩效管理的作用不大。

2. 配对比较法

配对比较法也称成对比较法、两两比较法，这种方法是将每一位员工与所有其他员工一一配对，分别进行比较。根据配对比较的结果，排列出他们的绩效名次，而不是把各被评价者笼统排队。这种方法使排序型工作绩效评价法变得更加有效。其基本程序是：

（1）列出表格，标明所有参加考评的员工姓名以及需要考评的所有工作要素。

（2）将所有员工根据同一类要素进行配对比较，并用"＋"（好）和"－"（差）标明。

（3）将每一位员工得到"＋"的次数相加，得到"＋"最多者为优胜者。

（4）再根据下一个考评要素进行两两比较，得出本要素被考评者所得的"＋"数。依此类推，经过汇总整理，最后得出每个被考评者所有考评要素所得"＋"的总数或平均数，并按"＋"的总数或平均数从多到少对被考评者进行排序。

3. 强制分布法

强制分布法又称强迫分布法、硬性分布法。假设员工的工作行为和工作业绩整体呈正态分布，那么按照正态分布的规律，员工工作行为和工作业绩好、中、差的分布存在一定的比例关系，在中间的员工应最多，好的、差的是少数。强制分布法就是按照一定的百分比，将被考评的员工强制分配到各个类别中。类别一般是五类，从最优到最差的具体百分比可根据需要确定，可以是10%、20%、40%、20%、10%，也可以是5%、20%、50%、20%、5%等。

强制分布法的优点是：可以避免考评者过宽或过严倾向，克服平均主义。缺点是：如果员工的绩效分布呈偏态，该方法就不适合了；这种方法只能将员工分为有限的几种类别，难以具体比较员工差异，也不能在诊断工作问题时提供准确可靠的信息。

（二）绝对考评法

最常用的绝对考评法是评级量表法。这种方法是指将绩效考评的指标和标准制作成量表，依次对员工的业绩进行考评。将需要考核的绩效指标在表中列出，并将每个指标的标准区分成不同的等级，每个等级都对应一个分数。考核主体按照员工的表现，给每个指标选择一个等级，汇总所有等级所对应的分数，就可以得出员工的考核结果。

（三）行为导向型方法

行为导向型绩效考评法，采用行为性效标，以考评员工的工作行为和工作方式为主，着眼于"干什么"或"如何去干"。考评标准较容易确定，操作性较强。适用于管理性、事务性工作的考评，特别是对人际接触和交往频繁的工作岗位尤为重要。例如商业大厦的服务员，应保持愉悦的笑容和友善的态度，因为其日常工作行为对公司的影响很大。

行为导向型考评方法主要包括：关键事件法、行为锚定等级评定法、行为观察法。

1. 关键事件法

关键事件法也称重要事件法。在某些工作领域内，员工在完成工作任务过程中，有效的工作行为引起了成功，无效的工作行为导致了失败。关键事件法的设计者将这些有效或无效的工作行为称为"关键事件"，考评者要观察和记录这些关键事件，因为它们通常描述了员工的工作行为及背景条件。这样，在评定一个员工的工作行为时，就可以利用关键事件作为考评的指标和衡量的尺度。

关键事件法考评的内容是员工特定的行为，而非品质或个人特征（如忠诚性、可靠性、亲和力、果断性等），所以做到对事不对人，以事实为依据，考评者不仅要注重对行为本身的评价，还要考虑行为的情景，可以用来向员工提供明确的信息，使员工知道自己在哪些方面做得比较好，而又在哪些方面做得不好。例如，一名保险公司的推销员，有利的重要事件记录是"以最快的速度和热诚的方式反映客户的不满"，而不利的重要事件记录是"当获得保险订单之后，对客户的反应置之不理，甚至有欺诈行为"。

本方法可以有效弥补其他方法的不足，为其他考评方法提供依据和参考。其优点：为考评者提供了客观的事实依据；考评的内容贯穿了整个绩效周期；以事实为依据，保存了动态的关键事件记录，可以了解下属是如何消除不良绩效，从而改进和提高绩效的。其缺点：关键事件的观察和记录费时费力；能做定性分析，不能做定量分析；不能具体区分工作行为的重要程度，很难使用该方法在员工之间进行比较。

2. 行为锚定等级评定法

行为锚定等级评定法也称行为定位法、行为决定性等级量表法或行为定位等级法。这一方法是关键事件法的进一步拓展和应用，它将关键事件和等级评价有效地结合在一起，通过行为等级评价表，反映同一个绩效维度中存在的一系列行为，每种行为分别表示这一维度中的一种特定绩效水平，将绩效按等级量化，可以使考评结果更有效、更公平。

行为锚定等级评定法的具体工作步骤如下：

第一，进行岗位分析，获取本岗位的关键事件，由主管人员做出明确简洁的描述。

第二，建立绩效评价等级，一般为 5 ~ 9 级，将关键事件归并为若干绩效要素并给出定义。

第三，由专家将关键事件重新分配，将它们归入合适的绩效要素中，如果大部分人（80%或以上）分配给同一要素的关键事件与主管分配的相同，该关键事件的位置将被确定下来。

第四，由另一组专家审核考评要素及指标等级划分的正确性。

第五，建立行为锚定等级评价体系。

3. 行为观察法

行为观察法是在关键事件法的基础上发展而来的，与行为锚定等级评价法大体接近，只是在量表的结构上有所不同。本方法不是首先确定工作行为处于何种水平上，而是确认某种行为出现的概率，它要求评定者根据某一工作行为发生的频率或次数的多少来对被评定者打分。如从不（1分）、偶尔（2分）、有时（3分）、经常（4分）、总是（5分），加总后得到总分。也可以对不同工作赋予不同的权重，经加权后再相加得到总分。总分可以作为不同员工之间进行比较的依据。

行为观察法克服了关键事件法不能量化、不可比，以及不能区分工作行为重要性的缺点，但完全从行为发生的频率考评员工，可能导致考评者和员工双方忽视行为过程的结果。

（四）结果导向型方法

结果导向型考评方法采用结果性效标，以考评员工的工作效果为主，着眼于"干出了什么"。重点考核员工的产出或贡献，即工作业绩。考评的标准容易确定，操作性强。适用于生产性、操作性，以及工作成果可以计量的岗位。结果导向型考评方法主要有以下四种：

1. 目标管理法

目标管理法是由员工和主管共同协商制定个人目标，个人目标依据组织的战略目标及相应的部门目标而确定，并与其尽可能一致。该方法用可观察、可计量的工作结果作为衡量员工工作绩效的标准，以制定的目标作为对员工考核的依据，从而使员工个人的努力目标与组织目标保持一致，减少管理者将精力放到与组织目标无关的工作上的可能性。

目标管理法的评价标准直接反映员工的工作内容，结果易于观测，所以很少出现评价失误现象，也适合对员工提供建议，进行反馈和辅导。由于目标管理是员工共同参与的过程，可以提高员工工作的积极性。但目标管理法不能在不同部门、不同员工之间设立统一目标，因此难以对员工和不同部门间的工作绩效作横向比较，无法为以后的晋升决策提供依据。

2. 绩效标准法

绩效标准法与目标管理法基本接近，它采用了更直接、更具体的工作绩效衡量指标及标准，各绩效标准要有时间、数量、质量方面的约束与限制，还要确定各标准的重要性及其权重，要规定完成标准的先后顺序。考评者考评时依照绩效标准逐一考评，并加权汇总得出总分。通常适用于非管理岗位的员工。

绩效标准法为员工提供了清晰准确的努力方向，对员工具有更加明确的导向和激励作用。有的员工在某方面的突出业绩与另一方面的较差表现有共生性，采用这种方法可以克服此类问题，从而能对员工做出全面的评价。本方法的局限性在于：需要占用较多的人力、物力与财力，需要较高的管理成本。

3. 直接指标法

该方法采用可监测、可核实的指标构成若干考评因素。与目标管理法的区别在于事先未必有一个目标，衡量结果是具体的数字，而非是否达成某个特定目标。比如，对非管理人员，可以衡量其工作数量、质量等。工作数量的衡量指标有：产量、销售量、营业额等。工作质量的衡量指标有：顾客不满意率、废品率、产品包装缺损率、顾客投诉率、不合格返修率等。对管理人员可以通过其下属的表现来评定，如员工流失率、缺勤率等。

直接指标法简单易行，能节省人力、物力和管理成本，运用本方法时，需要加强组织的基础管理，建立、健全各种原始记录，特别是一线人员的统计工作。

4. 成绩记录法

这是新开发出来的一种方法，适用于从事科研、教学工作的人员。如大学教师、研究员、律师等，因为他们每天的工作内容是不同的，无法用完全固化的指标进行考评。本方法需要从外部请来专家参与评估，因此，人力、物力耗费较高，耗费时间也长。

成绩记录法的步骤是：首先被考评者把与自己工作职责有关的成绩写在一张成绩记录表上，再由主管验证成绩的真实准确性，最后由专家评估这些资料，决定个人绩效的大小。

总之，要实现绩效考评的预期目标，在实际应用中要做到：思想上提高考评者与被考评者的认知度；加强考评者对绩效考评方法的理解度；在绩效考评的评价指标和标准上，提高其精确度；在绩效考评的全过程中，强化组织成员对事前、事中和事后的关注度。

第二节　员工薪酬管理及体系优化

一、薪酬管理概述

薪酬管理是企业为实现其目标，由人力资源部负责、其他职能部门参与的、涉及薪酬系统的一切管理工作，它是保证企业生产经营正常运行的必要条件。

（一）薪酬管理的基本含义

薪酬管理是指企业在经营战略和发展规划的指导下，综合考虑内外部各种因素的影响，确定自身的薪酬水平、薪酬结构和薪酬形式，并进行薪酬调整和薪酬控制的整个过程。薪酬水平是指企业内部各类职位以及企业整体平均薪酬的高低状况，它反映了企业支付薪酬的外部竞争性。薪酬结构是指企业内部各个职位之间薪酬的相互关系，它反映了企业支付的薪酬的内部一致性。薪酬形式则是指在员工和企业总体的薪酬中，不同类型的薪酬的组合方式。薪酬调整是指企业根据内外部各种因素的变化，对薪酬水平、薪酬结构和薪酬形式进行相应的变动。薪酬控制是指企业对支付的薪酬总额进行预算和监控，以维持正常的薪酬成本开支，避免给企业带来过重的财务负担。

全面理解薪酬管理的含义，需要注意以下三个问题：

第一，薪酬管理要在企业经营战略的指导下进行，作为人力资源管理的一项重要职能，薪酬管理必须服从和服务于企业的经营战略，要为企业战略的实现提供有力的支持。

第二，薪酬管理的内容不单是及时准确地给员工发放薪酬，还涉及确定薪酬水平、结构和形式等一系列的决策，是一项非常复杂的活动。

第三，薪酬管理的目的不仅是让员工获得一定的经济收入，而且还要引导员工的工作行为、激发员工的工作热情，不断提高他们的工作绩效。

（二）薪酬管理的意义表现

作为人力资源管理的一项主要职能活动，薪酬管理具有非常重要的意义，这主要表现在以下三个方面：

第一，有助于吸引和保留优秀的员工。这是薪酬管理最为基本的作用，企业支付的薪酬，是员工最主要的经济来源，是他们生存的重要保证。

第二，有助于提高企业的绩效。薪酬管理的有效实施，能够对员工产生较强的激励作用，从而提高他们的工作绩效，而每个员工个人绩效的改善将使企业整体的绩效得到提升。

第三，有助于塑造良好的企业文化。有效的薪酬管理有助于企业文化的塑造。薪酬是进行企业文化建设的物质基础，员工的生活如果不能得到保障，企业文化的建设就是一纸空文。另外，企业的薪酬政策本身就是企业文化的一部分内容，如奖励的导向、公平的观念等。企业的薪酬政策还能够对员工的行为和态度产生引导作用，从而有助于企业文化的建设。

二、薪酬管理体系相关理论

（一）薪酬管理体系的基本内容

所谓薪酬管理体系，是指以实现企业薪酬管理目标为服务宗旨，以企业发展战略为导引，企业薪酬管理人员对员工报酬发放方式方法、发放水平、发放结构等相关内容进行设计、调整与分配，并为这项工作制定一套完整详细的体系，即为薪酬管理体系。在薪酬管理体系构建过程中，为保证体系构建的科学合理、实用适用，需要企业充分结合自身特点与经营项目类型，对薪酬结构、薪酬水平及特殊群体薪酬结构进行综合考虑与合理确定。综合而言，薪酬管理主要内容包括确定薪酬管理目标、拟定薪酬管理计划、调整企业薪酬结构、制定薪酬管理政策几部分。

1. 薪酬管理目标的确定

薪酬管理目标主要是针对员工而言的，即企业通过为员工提供合理的、公平的、有序的、具有吸引力的、带有激励作用的薪酬制度，来达到留住企业经营发展所需的人力资源，尤其是优秀人才这一目的。利用这种薪酬制度鼓励与引导员工不断学习，努力提高自身工作所需技能和理论知识与经验，促进员工效能充分发挥。有了明确的薪酬管理目标，还需要对薪酬管理制度激励作用进行充分利用，以提高员工工作效率，激发员工工作积极性，从而为企业创造更多价值，营造良好工作氛围与企业文化。

2. 薪酬管理计划的拟定

薪酬管理计划的拟定是薪酬管理的关键环节，主要目的是确保薪酬制度能够满足企业的战略需求，同时也能激励员工，提高其工作积极性和效率。

薪酬计划应包括以下内容：

薪酬预算：根据企业的发展战略和财务状况，制定合理的薪酬预算，确保企业在可承受的成本范围内实现薪酬管理的目标。

薪酬水平：根据市场行情、企业竞争状况以及员工的绩效表现等因素，确定企业的整体薪酬水平和各级别岗位的薪酬水平。

薪酬调整机制：建立完善的薪酬调整机制，包括定期调整、晋升调整和绩效调整等，以激发员工的积极性和创造力。

特殊奖励计划：针对企业特殊发展阶段、重大项目或优秀员工，制定特殊的奖励计划，以激励员工的积极性和创造力。

福利计划：设计具有吸引力和竞争力的福利计划，包括社会保险、住房公积金、带薪休假、节日福利等，以提高员工的满意度和忠诚度。

3. 薪酬结构的调整

薪酬结构是指企业薪酬中固定部分与变动部分的结构以及不同岗位、层级人员之间的薪酬结构。薪酬结构包括三方面内容：企业内部以职位或等级区分的薪酬等级数量；相邻的两个薪酬等级之间交叉与重叠关系；同一薪酬等级内部薪酬变动范围。对薪酬结构的确定和调整，要坚持能对员工产生最大激励的原则。

4. 薪酬政策的制定

制定薪酬政策是为企业对薪酬结构、薪酬方式的确定提供参考依据和支持，为薪酬管理提供导向和说明，帮助企业准确把握员工薪酬总额。薪酬政策的制定，要求企业结合自身状况，在充分考虑自身发展战略和经济效益等实际情况基础上来制定符合自身实际发展状况的、科学合理的薪酬政策，包括薪酬成本政策等。

（二）薪酬管理体系设计的原则

第一，激励性原则。薪酬作为企业对员工辛苦工作的一种回报和酬谢，应该具有一定的激励作用，即以激励员工继续努力工作为目标和导向，以提高员工工作积极性为标准。要想薪酬管理体系设计得科学合理、公平有效、激励作用明显，企业就必须遵循激励性原则，将其与企业自身经济效益，每个员工的业绩紧密联系起来。

第二，公平性原则。薪酬管理体系具有公平性，是每个员工都渴望的，同时也是薪酬体系设计的基础，只有在公平公正的基础上对薪酬管理体系进行设计，员工才会认为这是公平的、合理的，进而薪酬对员工的激励作用才会真正发挥出来。在薪酬管理体系实际设计中，应对员工技能、个体员工业绩等因素进行综合考虑，保证薪酬管理体系整体协调的同时，又兼顾每个员工之间的差异。

第三，适应性原则。企业的薪酬体系在企业发展的不同时期，或者市场环境和生产经营状况发生改变时，应按照其变化的实际情况，及时对企业薪酬策略做出合理的调整。薪酬体系的设计必须以合法性、合规性为前提，如与现行的国家法律法规相违背，则应该及时进行调整和改进。

三、事业单位薪酬管理体系优化

（一）事业单位薪酬管理中的不足

第一，缺乏科学的岗位评价基础。根据薪酬管理公平性原则，薪酬分配应该基于岗位价值。薪酬分配应根据职工的能力、贡献和表现综合考虑，体现单位对职工的认可和激励。事业单位薪酬管理优化的前提是要仔细梳理组织架构，建立科学的岗位评价体系，进而才能提高薪酬管理的有效性和薪酬分配的公平性。

第二，薪酬结构不合理。事业单位设置的职工薪酬结构一般为：薪酬＝基础工资＋津贴＋绩效工资＋奖金。这种薪酬结构没有问题，但在部分事业单位中，各项薪酬组成的占比设置却不够合理，导致薪酬未能充分发挥出对职工的激励作用，甚至引发职工的不满和抱怨，影响相关单位的稳定运行。首先，基础工资偏低。这会使一些由于某些原因拿不到津贴、绩效和奖金的职工整体薪酬过低，影响其生活水平。其次，津贴占比过大。与基础工资偏低相反的是，一些岗位的津贴名目设置过多、占比过高，甚至个别岗位的津贴高于基础工资，这导致相关职工不必努力工作，不争取绩效工资也能获得不错的收入。最后，绩效和奖金浮动不足。虽然绩效考核是事业单位开展人力资源管理的重要手段，但部分事业单位设置的绩效奖金占比却不高；同时，绩效工资、奖金浮动不足，未能拉开档次，也会导致职工工作积极性难以被充分调动，影响薪酬激励作用的发挥。

第三，绩效考核机制不完善。部分事业单位的绩效考核存在指标不明确、评价标准不统一、考核程序不规范等问题。这些问题导致绩效考核难以准确反映职工的工作表现，考核结果的公正性和客观性无法得到保证，更难以有效引导职工改善工作方式方法，提高工作绩效。个别事业单位绩效考核仅以"完成任务量"为标准，忽略工作难度、工作过程等有关指标，且考核指标量化不足，影响评价的全面性、客观性，进而导致一些职工对绩效考核产生不满和抵触心理。

第四，薪酬管理制度缺少监督。薪酬分配机制不透明会使职工无法了解薪酬分配的具体情况和分配标准，导致薪酬管理受到质疑，并引起职工的不满和抱怨。个别事业单位因制度设置及缺乏相关监管而存在薪酬制度不透明、薪酬标准不规范的问题。科学合理的薪酬体系应明确岗位分类、薪酬级别、薪酬档次、薪资制度、薪酬结构，并注重对有关薪酬信息的公开，保证薪酬管理的有效性。

（二）事业单位薪酬管理体系的优化对策

作为公共服务机构，事业单位对社会的稳定和发展起着重要的作用。然而，个别事业单位中的薪酬问题却影响着职工的积极性和工作效率，导致单位公共服务质量的下降。事业单位应针对问题实施改善措施，确保薪酬的科学性和有效性。

1. 建立科学合理的岗位评价机制

薪酬管理制度是事业单位管理的重要组成部分，对职工的工作积极性和工作效率可产生直接影响。因此，建立科学合理的薪酬制度是优化事业单位薪酬问题的关键。科学合理的岗位评价体系是薪酬分配制度建立的前提，事业单位应根据各岗位的性质、工作特点和职责范围，设计评价指标和评价标准。评价指标应包括工作质量、工作效率、岗位胜任力要素、工作态度等；评价标准应该明确、具体、可操作。同时，事业单位需要加强评价过程的透明度，让职工了解评价的标准和全过程，进而认同评价结果，能够基于评价结果针对性地提升专业能力、改善工作方式、提高绩效水平。

2. 完善绩效考核机制

绩效考核评价是人力资源管理工作的基础，对职工工作积极性和工作效率有着重要的影响。事业单位应着重考虑如何建立科学合理的绩效考核机制，并通过准确衡量每个职工的表现和贡献，进而对其给予相应的奖励或惩罚。事业单位要想进一步完善绩效考核管理，需要以业绩为核心，以绩效为导向，综合考核职工的工作胜任能力、工作效率、工作态度、工作质量等，将个人和部门的表现都纳入考核范畴，形成科学的考核指标和评价标准，并将绩效与薪资挂钩，以激励职工进取、创新，提高工作效率。其中，在评价指标设置中，事业单位应完善考核评价机制，确保机制本身公平、公正，并在实施过程中严格遵循考核的程序和规范。同时，事业单位也要加强绩效考核过程与结果的沟通工作，让职工能够在考核过程中及时发现自己的问题并改正，以及对自己考核结果的评分有细致的了解，不断促进自我完善和提高。

3. 薪酬结构优化设计

建立以绩效为导向的薪酬制度。事业单位应根据职工的工作能力和表现来决定其薪酬水平，将薪酬与职工的绩效挂钩，合理设计薪酬结构要素，在基础工资、绩效考核、津贴福利、奖金组成的基础上，基于公平、竞争、激励原则，优化各个项目的占比。首先，合理调整基础工资水平，使其与市场一般水平相当。这可以通过对市场薪酬水平的调研和分析，来确定基础工资的合理范围，体现薪酬的保障作用。其次，根据职工的实际工作情况以及岗位性质，合理设置津贴，避免津贴名目过多而导致职工对基础工资、绩效等的不重视。最后，加大绩效和奖金的比重，突出薪酬的激励作用，有效激发职工的工作积极性和创造力。

4. 加强监管和评审

薪酬管理制度失效和考核问题的根源往往在于缺乏有效的监管和评估机制。因此，加强监管和评估是事业单位应对薪酬和考核问题时需要重点关注的方向。事业单位要建立完善的监管和评估机制，并确保其涵盖业务、财务、人力资源管理等各方面，全面保障组织公平和组织权益。例如，某省组织开展对事业单位的评审。评审工作从事业单位内部自评开始，再引入外部信用评价信息数据，之后通过走访调研、问卷调查等方式在社会层面开展监督调查，并选择有公信力的第三方向社会面公开监督结果。此举增强了社会对事业单位的信心，同时也有利于广泛吸收有效的改善建议。

总而言之，事业单位是全国社会经济体系中的重要组成部分，承担保障社会民生的重要职能。作为公共服务产品的提供者，事业单位应定期针对自身人力资源管理进行梳理，及时发现问题，并实施改善措施。在人力资源管理中，薪酬管理是极为重要的内容，完善的薪酬管理不仅能够体现事业单位对职工努力工作的肯定与感谢，同时，事业单位也能通过薪酬的激励作用提高职工的工作积极性和工作效率。为此，事业单位应建立科学公平的岗位评价体系，明确薪酬的绩效导向，提高自身的管理能力，从而推动组织持续提高绩效水平和社会服务质量，切实满足公众对公共服务的需求，实现单位的可持续发展。

第三节　事业单位基层职工激励机制

人才作为推进社会发展的关键因素，对我国事业单位的发展有着重要的促进作用。对此，事业单位管理者应基于人才管理需求，制定完善的激励机制，以提高员工的工作积极性，但从实际情况来看，部分事业单位对激励机制的作用缺乏正确的认知，导致激励机制内容不符合基层职工的需求。因此，事业单位需要结合实际情况构建完善的职工激励机制，以促进人员管理工作的顺利进行，为事业单位的发展奠定基础。

一、事业单位基层职工激励机制建设的重要性

（一）有利于人力资源管理体系的完善

随着事业单位体制改革的实施，传统的人员管理方式已无法满足当前形势发展需求。因此，管理者应基于事业单位的实际情况，采取适宜的人力资源管理方式，以充分调动基层职工的工作积极性。其中，科学的激励机制能够为人力资源管理的实施提供基础。由于激励机制的主要对象在人，且面向事业单位所有员工，因此，从这一方面来看，改进事业单位激励机制、完善事业单位的人才管理体系，能够为相关工作的顺利进行起到积极的促进作用。

（二）有利于创新绩效管理体系

随着事业单位管理改革的不断推进，职工绩效考评工作越来越受到重视，绩效考评机制不断得到优化完善，绩效考评效果日益显现。在此过程中，通过激励机制建设与绩效考评工作的系统融合，事业单位的绩效管理进一步得到规范，并取得明显的效果，由此推动了事业单位改革的进一步深化。另外，事业单位应建立多元化的激励机制，根据岗位、人员需求的不同，在绩效考评基础上进行特殊激励。例如，通过物质激励、精神激励以及项目激励等多样化的激励方式，使职工的工作积极性得到充分发挥，以更饱满的状态投入工作中，从而达成绩效管理目标。

（三）有利于激发基层职工的工作积极性

从本质上讲，事业单位构建激励机制的主要目标在于激发职工的积极性，使其能够以饱满的热情投入到事业单位工作中，为事业单位以后的发展打下坚实的基础。通过对激励机制进行完善，促进激励机制与绩效考评工作的结合，优化绩效考评的系统设计，增强绩效考评的客观性。同时，事业单位可以让基层员工参与到绩效考评工作中，最大限度激发职工的工作热情，提高其工作的积极性，进而为事业单位的可持续发展提供保障。

二、事业单位激励机制建设存在的问题

（一）岗位管理制度落实不到位

现阶段，我国多数事业单位存在着管理制度内容滞后的问题，无法满足时代发展需

求。通常情况下，事业单位的岗位设置可分为管理岗、技术岗以及工勤岗三种。其中，技术岗与工勤岗都可以通过提高岗位技能、获取职称等方式提高薪酬待遇。而对于管理岗位人员来说，他们的工作量较大，工作任务较为繁杂，且缺乏明确的晋升及工资增长途径。与此同时，领导岗位的数量有限，再加上职工的晋升难度大，只能经由组织部门的任命获得晋升，导致大多数基层管理人员直至退休都很难得到晋升。在这种情况下，职工的工作热情逐渐消退，个人成就感缺失，潜能难以充分发挥，且薪酬很难发生明显变化，激励机制的激励作用无法体现，这对事业单位人员后续管理造成了严重的影响。

（二）薪酬制度的激励效果不佳

我国事业单位现行的薪酬结构主要分为基本工资与绩效工资两个方面，事业单位职工薪酬须根据国家相关规定足额发放，不能自主变动。其中，基本工资分为岗位工资与薪级工资两个方面，岗位工资主要是按照职工岗位标准决定，而薪级工资则是根据职工的年度考核结果确定，若考核合格，则可以提升一级薪级，但实际变化幅度较小；绩效工资也分为基础绩效工资与奖励绩效工资两种，财政部门根据相关流程标准划拨给事业单位，由事业单位财务部门根据考核结果发放。根据相关调查可知，部分事业单位会在季度考核中对所有员工进行分级，根据职工的具体级别对绩效奖金数量进行调控，但实际调控幅度相对有限，尤其是对于公益单位，其在薪酬调控中所能使用的方法及力度更加有限。

（三）事业单位职工流动困难

对事业单位工作人员来说，其薪酬待遇与公务员相比存在一定差距，即便同一行政单位中的工作人员也会因身份的不同在待遇上有所不同。另外，随着行政管理体制改革的不断深入，事业单位职工向公务员队伍的流动受到较大限制。此外，受岗位设置等因素的影响，部分年龄较大、资历较深的职工长期占据高职位却没有起到良好的带头作用，打击了基层职工的工作积极性，使职工产生消极思想，进而对单位内部良好氛围的构建产生不良影响。

三、事业单位构建激励机制的建议

（一）完善现行激励体系

在评判事业单位激励机制的合理性时，完善的激励体系是最主要的评判目标，对此，事业单位需要结合实际需求，构建符合单位发展的激励体系，并参考职工的意见进行完善。只有这样，激励机制的价值效用才能充分发挥，为后续人才管理的顺利实施提供保障。在激励体系构建的过程中，单位管理者应采用适当放权的策略，这不仅可以为相关工作的开展提供便利，还能增强事业单位对基层职工的凝聚力，继而营造相互尊重、相互理解的工作氛围。与此同时，激励机制的建设须基于公平公正的原则，防止出现违规现象，给事业单位的发展带来不良影响。

另外，管理人员还须注重多样化激励方法的综合应用。在完善激励体系的过程中，管理人员须注意避免采用单一的激励方法，否则，不但会影响激励机制效用的发挥，还会使基层职工产生倦怠心理，给激励管理的落实造成阻碍。

（二）建立健全的薪酬激励机制

薪酬激励机制是事业单位人资管理中应用效果较为明显的激励制度，其优势主要体现在以下两个方面：

第一，薪酬激励机制的实施能够有效提高事业单位对行业专业人才的吸引力，也是单位留住老员工的重要措施。因此，为推动基层事业单位的稳定发展，管理者就需要适当提高员工的薪酬待遇，吸引更多的高素质人才参与到工作中，为相关业务的高效开展做出贡献。

第二，在事业单位人资管理中建立薪酬激励机制，还可以增强单位职工的归属感和凝聚力。但需要注意的是，事业单位须结合实际情况，对薪酬分配方式进行优化，且须针对事业单位内部控制的实际情况，形成对应的薪酬激励机制，并坚持按劳分配的原则。

此外，单位还可以对职工的待遇进行适当调整，如对职工的休假进行合理调节，使其能够通过假期缓解自身的工作压力。这不但可以增强单位职工的工作热情，还能为职工整体工作积极性的提高提供保障。

（三）优化职工培训体系

1. 注重提高职工自我管理效能

在当前的人才培训机制中，事业单位须对职工的工作技能进行培养，以保障其在工作中能够充分发挥新技能、新知识的作用，继而产生工作成就感。还须对职工的心理健康进行专项培训引导，如对于自我调节能力较差、职业倦怠程度高的职工，可提供对应的心理健康课程，提高其自我管理效能。根据以往的工作经验可知，当单位职工能够主动调节自身的心理，正确认识自身的不足，并将工作压力转化为动力时，可以减轻情绪变化对工作造成的影响，使倦怠感得到控制。为达到这一目标，事业单位还可以加强对职工理想信念的教育，如通过对基层职工理想信念的教育，挖掘其在工作中的优势，从而使职工产生成就感。对此，事业单位可实施目标导向策略，将职工的理想信念具体化，制定合理的工作目标，并将该目标进行细化，使职工在工作中的每个阶段都能有对应的目标及任务，从而激发基层职工的工作热情，满足自我实现的需求，最终主动投入工作当中。

2.加强对领导情绪管理能力的培养

对于事业单位基层职工来说，领导干部的积极情绪能够给基层职工的工作态度带来正面影响。因此，加强对领导干部情绪管理能力的培养，可以使基层职工的职业倦怠等问题得到有效改善。可通过视频、情景模拟以及专题讨论等多种方式对领导进行培训，使领导与基层职工进行必要的情感沟通，使员工感受到领导的关心与关注。通过这种方式，受到正向引导的基层职工愈来愈多，继而在事业单位内部营造良好的工作氛围，有助于基层职工工作热情及积极性的充分发挥。

（四）对考评制度进行优化

首先，构建灵活的晋升机制，拓宽职工的晋升渠道。对于在事业单位发展中起到关键作用的职工，应当通过合理的晋升机制，提高其薪资待遇，从而实现对职工的有效激励。另外，事业单位也可以通过定期轮岗的方式，在拓宽职工晋升渠道的基础上，加强各岗位职工间的交流，提高工作对接效率。与此同时，对工作时间较长的职工，也可以通过轮岗的方式使之找到更适合自己的工作岗位。

其次，增强职工考核的透明度，保障整个考核过程公平、公正进行。第一，事业单位可引入第三方监管体系，保障整个考核过程的公平公正。在这一过程中，管理者可借鉴其他地区的先进经验，如引导民众参与到事业单位职工考核中。这不但可以解决事业单位绩效考核透明度不足的问题，还能激发民众参与事业单位绩效考核的积极性，有助于加强对事业单位基层职工的监管。第二，事业单位可利用信息技术搭建信息交流平台，并以此对考评系统进行完善。现如今，我国部分区域信息公开工作已取得了一定的成效，如杭州市政府通过公众号向社会公开政务信息，并推送相应的新闻资讯，以便社会各界及时对政府绩效的动态变化加以了解。事业单位可借鉴这一工作经验，将单位内部职工的工作信息进行公开。另外，管理者还应当注重对公众意见的收集，通过网络平台让群众对事业单位的经营制度、绩效管理体系等加以了解，并提出相应的发展建议。事业单位通过广泛吸收民众的意见，为自己设立更符合时代发展要求的工作目标，避免工作无目标、机械性、倦怠等问题的产生，给事业单位的后续稳定发展造成不良影响。

第五章　劳动关系管理及其系统运行思考

第一节　劳动关系的基本理论

劳动关系是指劳动者与用人单位（包括各类企业、个体工商户、事业单位等）在实现劳动过程中建立的社会经济关系。法律意义上的劳动关系是指用人单位招用劳动者为其成员，劳动者在用人单位的管理下提供有报酬的劳动而产生的权利义务关系。

一、劳动关系的具体特征

劳动关系的具体特征可概括为以下四个方面：

第一，劳动关系的建立以劳动为目的。以劳动力与生产资料相结合为方式，在人们运用劳动能力，作用于劳动对象，实现劳动过程中产生。如果劳动力不投入使用，不和生产资料相结合，不进入劳动过程，便不会产生劳动关系。

第二，劳动关系是一种结合关系。从劳动关系的主体上说，当事人一方固定为劳动力所有者和支出者，称为劳动者；另一方固定为生产资料所有者和劳动力使用者，称为用人单位（或雇主）。劳动关系的本质是强调劳动者将其所有的劳动力与用人单位的生产资料相结合。这种结合关系从用人单位的角度观察就是对劳动力的使用，将劳动者提供的劳动力作为一种生产要素纳入其生产过程。在劳动关系中，劳动力始终作为一种生产要素而存在，而非产品。这是劳动关系区别于劳务关系的本质特征。而在劳务关系中，劳动者所有的劳动力往往是作为一种劳务产品而输出，体现的是一种买卖关系或者加工承揽关系等。

第三，劳动关系是从属性的劳动组织关系。劳动关系中劳动者是所在用人单位的成员。虽然双方的劳动关系是建立在平等自愿、协商一致的基础上，但劳动关系建立后，双方在职责上就具有了从属关系。用人单位作为劳动力使用者，要安排劳动者在组织内和生产资料相结合；而劳动者则要通过运用自身的劳动能力，完成用人单位交给的各项生产任务，并遵守单位内部的规章制度。这种从属性的劳动组织关系具有很强的隶属性质，即成为一种隶属主体间的指挥和服从为特征的管理关系。而劳务关系的当事人双方则是无组织从属性。

第四，劳动关系是一种人身关系。由于劳动力的存在和支出与劳动者人身不可须臾分离，劳动者向用人单位提供劳动力，实际上就是劳动者将其人身在一定限度内交给用人单位，因而劳动关系就其本质意义上说是一种人身关系。但因劳动者是以让渡劳动力使用权来换取生活资料，用人单位要向劳动者支付工资等物质待遇。就此意义而言，劳动关系同时又是一种以劳动力交易为内容的财产关系。

二、劳动关系的不同分类

（一）按实现劳动过程的方式来划分

直接实现劳动过程的劳动关系，即用人单位与劳动者建立劳动关系后，由用人单位直接组织劳动者进行生产劳动的形式，当前这一类劳动关系居绝大多数。

间接实现劳动过程的劳动关系，即劳动关系建立后，通过劳务输出或借调等方式由劳动者为其他单位服务实现劳动过程的形式，这一类劳动关系目前居少数，但呈逐渐增多趋势。

（二）按劳动关系的具体形态来划分

按劳动关系的具体形态可分为：正常情况下的劳动关系；停薪留职形式；放长假的形式；待岗形式；下岗形式；提前退养形式；应征入伍形式；等等。

正常情况下的劳动关系：这是最常见的劳动关系形式，指的是雇主与员工之间建立的正式雇佣关系。在这种形式下，员工按照合同约定的工作时间和工作内容履行自己的职责，雇主支付相应的工资和福利待遇。

停薪留职形式：这种形式适用于员工因个人原因需要暂时离开工作岗位的情况。在停薪留职期间，员工不再享受工资和福利待遇，但保留其原有的职位和劳动关系。当员工回到工作岗位时，可以继续履行自己的职责。

放长假的形式：这种形式适用于员工因特殊原因需要长时间休假的情况。在放长假期间，员工不再履行工作职责，但仍然保留其原有的职位和劳动关系。当员工结束休假后，可以重新回到工作岗位。

待岗形式：这种形式适用于员工因公司经营状况不佳或其他原因而暂时无法正常工作的情况。在待岗期间，员工不再履行工作职责，但仍然保留其原有的职位和劳动关系。当公司恢复运营或找到新的工作机会时，员工可以重新回到工作岗位。

下岗形式：这种形式适用于员工因公司裁员或其他原因而被解雇的情况。在下岗后，员工失去了原有的职位和劳动关系，需要寻找新的就业机会。

提前退养形式：这种形式适用于员工因年龄、健康状况或其他原因需要提前退休的情况。在提前退养后，员工不再履行工作职责，但仍然享受相应的退休金和福利待遇。

应征入伍形式：这种形式适用于员工因国家需要而参军入伍的情况。在应征入伍期间，员工失去了原有的职位和劳动关系，但享有相应的军事待遇和福利。

除了以上列举的几种形式外，劳动关系还可以根据具体情况进行灵活调整和变化。不同的劳动关系形式对雇主和员工都有一定的影响，因此在制定劳动合同和处理劳动关系问题时，需要根据实际情况进行合理的安排和管理。

（三）按用人单位性质划分

按用人单位性质可将劳动关系分为：国有企业劳动关系；集体企业劳动关系；三资企业劳动关系；私营企业劳动关系；等等。

国有企业劳动关系是指由国有企业作为雇主与劳动者之间建立的劳动关系。在这种关系中，国有企业承担着提供就业机会、支付工资和福利等责任，而劳动者则按照劳动合同的规定履行工作职责。

集体企业劳动关系是指由集体企业作为雇主与劳动者之间建立的劳动关系。集体企业是由多个劳动者共同出资或共同经营的企业形式，其劳动关系的特点是劳动者在企业中具有一定的决策权和管理权。

三资企业劳动关系是指由外商投资企业、合资企业和合作企业作为雇主与劳动者之间建立的劳动关系。这种关系涉及不同国家或地区的法律、文化和经济制度的差异，因此在劳动关系的处理上可能存在一些特殊的规定和要求。

私营企业劳动关系是指由私人个体或家族企业作为雇主与劳动者之间建立的劳动关系。私营企业的劳动关系通常更加灵活，但也存在着劳动者权益保护和劳动条件改善的问题。

除了以上四种类型的劳动关系，还有其他一些特殊形式的劳动关系，如个体工商户劳动关系、自由职业者劳动关系等。这些劳动关系的特点和处理方式可能因具体情况而有所不同。

（四）按劳动关系规范程度划分

规范的劳动关系是指根据法律规定，通过签订劳动合同建立起来的劳动关系。在这种关系中，雇主和劳动者之间有明确的权益和义务，双方在合同中约定了工作内容、工作时间、工资待遇等事项，并且双方都必须遵守合同的约定。

事实劳动关系则是指没有签订劳动合同的情况下，劳动者已经成为企业或个体经济组织的成员，并为其提供有偿劳动的情况。在这种情况下，虽然没有书面合同，但劳动者与企业之间存在一种事实上的雇佣关系，劳动者为企业提供了劳动力，而企业则为劳动者支付相应的报酬。

非法劳动关系是指违反法律规定的劳动关系。例如，招用童工和无合法证件人员，即雇主雇佣未成年人或者没有合法身份证明的人员从事劳动；或者用人单位招用没有合法证照的劳动者，即雇主雇佣没有合法就业资格的劳动者从事劳动。这些行为都是违法的，不符合法律规定的劳动关系。

第二节　劳动关系的环境分析

在当今社会，劳动关系是企业运营中不可或缺的一部分。为了确保企业的稳定发展和员工的福利，对劳动关系进行环境分析是至关重要的。

一、劳动关系的经济环境

经济的波动和变化会直接影响企业的经营状况以及员工的就业情况。在经济增长时期，企业通常需要增加员工数量以满足市场需求的增长。这可能导致劳动力供应紧张，从而增加了员工的工资和福利待遇。随着企业扩大规模和增加产能，员工可能会享受到更多的就业机会和更好的工作条件。

然而，在经济衰退时期，企业可能面临裁员和减少员工福利的压力。由于市场需求的下降，企业可能需要缩减规模以降低成本，这可能导致员工数量的减少。此外，企业还可能降低员工的工资和福利待遇，以应对经济困难。这些措施可能会对劳动关系产生负面影响，引发员工的不满和抗议。

经济环境的变化还会对劳动关系的稳定性产生影响。在经济增长时期，企业通常会提供更多的培训和发展机会，以吸引和留住优秀的员工。这有助于建立稳定的劳动关系，提高员工的工作满意度和忠诚度。然而，在经济衰退时期，企业可能会削减培训和发展预算，导致员工的职业发展受限。这可能会引发员工的不满和离职意愿，对劳动关系产生不利影响。

此外，经济环境的变化还会对工会组织和集体谈判产生影响。在经济增长时期，工会组织通常有更多的资源和能力来维护员工的权益和利益。他们可以通过集体谈判来争取更好的工资和福利待遇，以及改善工作条件。然而，在经济衰退时期，工会组织可能面临资金短缺和会员减少的问题，导致其影响力减弱。这可能会削弱工会组织在劳动关系中的地位和作用。

二、劳动关系的法律和政策环境

各国的法律和政策对劳动关系有着不同的规定和要求。例如，一些国家可能实施严格的劳动法规，保护员工的权益，限制雇主的权力。这些国家通常会设立最低工资标准、工时限制、福利保障等措施，以确保员工的基本权益得到保障。而另一些国家可能对劳动关系的管理相对宽松，给予雇主更大的自主权。这些国家可能会更加注重市场的自由竞争，允许雇主在雇佣、解雇、薪酬等方面拥有更大的决策权。这种宽松的管理方式可能会为企业提供更多的灵活性和创新空间。

然而，这些法律和政策的变动会对劳动关系产生直接的影响。当一个国家的法律和政策发生变化时，企业需要密切关注并遵守相关法规。如果企业未能及时了解并适应新的法律要求，可能会面临法律责任和经济损失。

因此，企业应该建立健全的法律顾问团队，定期进行法律风险评估，并与政府相关部门保持密切联系，及时了解最新的法律和政策动态。同时，企业还应该加强内部培训，提高员工对法律和政策的理解和遵守意识，确保企业的运营符合法律法规的要求。

三、劳动关系的技术环境

技术环境给劳动关系带来了新的挑战和机遇。随着科技的不断进步，许多传统的工作被自动化和数字化取代，这对劳动关系产生了深远的影响。一方面，自动化和数字化可以提高生产效率，减少人力成本，为企业带来更大的竞争优势。然而，另一方面，这也可能导致大量工人失业或需要转行，给他们的生活和职业发展带来困扰。

面对这一挑战，企业需要积极适应技术变革，并提供培训和发展机会，以帮助员工适应新的工作环境。

首先，企业可以投资于员工的技能培训，使他们具备应对新技术的能力。这包括提供在线培训课程、组织内部培训和外部培训等方式，帮助员工掌握新的技术和工具。通过提升员工的技能水平，他们能够更好地适应自动化和数字化带来的变化，并在新的工作环境中发挥更大的作用。

其次，企业还可以为员工提供职业发展机会，鼓励他们在技术领域深耕细作。这可以通过设立专门的技术岗位、提供晋升机会和激励措施等方式实现。通过给予员工更多的发展空间和机会，企业可以留住那些具备技术专长的员工，并激发他们的创造力和创新能力。

此外，企业还可以与教育机构和行业协会合作，共同开展技术培训和研究项目。通过与外部机构的合作，企业可以获得更多的专业知识和资源，为员工提供更全面的培训和发展机会。同时，这也有助于建立企业与行业的良好合作关系，促进技术创新和人才培养。

四、劳动关系的社会文化环境

不同的社会文化背景和价值观会塑造员工对企业的期望和行为方式，进而影响劳动关系的建立和发展。

在一些文化中，团队合作和集体利益被强调。这种文化背景下的员工更倾向于以团队为单位合作，注重整体利益而非个人成就。他们更愿意为了团队的成功而付出努力，愿意与他人分享知识和资源。在这种文化中，企业可以通过鼓励团队合作、设立奖励机制来促进员工的积极参与和协作精神。

然而，另一些文化更加注重个人主义和个人成就。在这种文化中，员工更注重个人的发展和独立思考，追求个人目标和成就。他们可能更加倾向于独立工作，不愿意过多地依赖他人或参与团队合作。对这种文化背景下的员工，企业可以提供适当的培训和发展机会，激励他们发挥个人潜力，同时也要尊重他们的个人选择和决策。

企业需要了解和尊重不同文化的差异，建立和谐的劳动关系。首先，企业应该通过培训和教育，提高员工对不同文化的理解和尊重。这有助于减少文化冲突和误解，促进员工之间的相互理解和合作。其次，企业可以采取灵活的管理方式，适应不同文化背景下员工的需求和偏好。例如，在强调团队合作的文化中，可以设立团队奖励机制；而在注重个人成就的文化中，可以提供更多的个人发展机会。最后，企业还可以通过多元化的招聘和晋升机制，吸引和留住来自不同文化背景的员工，从而增强企业的创新能力和竞争力。

第三节　劳动关系的多元主体

劳动关系的多元主体是指在劳动过程中涉及的各方参与者，包括雇主、雇员、工会、政府等。这些主体在劳动关系中扮演着不同的角色和责任，共同维护和促进劳动者的权益和福利。

一、劳动者与公共组织

（一）劳动者

在主要研究雇佣关系中主体双方的权利义务关系的劳动关系学中，劳动者即劳动关系主体其中之一，该定义体现和反映了现代产业中的劳动关系特征。劳动关系中的劳动者，指在现代产业社会中受雇于他人，以劳动工资收入为基本生活来源的体力和脑力工作者。

1. 劳动者的权利

（1）平等就业。劳动就业权即劳动权，是指具有劳动权利能力与劳动行为能力，并有劳动愿望的劳动者依法从事有劳动报酬或经营收入的劳动的权利，是劳动者享有平等就业和选择职业的权利。劳动就业权是劳动者赖以生存的权利，是各国宪法确认和保护公民的一项重要的基本权利。

（2）取得劳动报酬。劳动报酬权是指劳动者依照劳动法律关系，履行劳动义务，由用人单位根据按劳分配的原则及劳动力价值支付报酬的权利。劳动报酬权是宪法权利，世界各国均在宪法中明确规定劳动报酬权的相关内容，属于政治权利之一。我国宪法明确规定的各尽所能、按劳分配的原则，是我国的经济制度的重要组成部分；同时宪法还规定，实行男女同工同酬，国家在发展生产的基础上，提高劳动报酬和福利待遇。

（3）享有休息、休假。休息休假权是劳动者依法享有的在法定工作时间外休息和休假的权利。就其性质而言，休息休假权实质上是劳动者的健康权和生命权，是关系到劳动者本人以及生命延续和劳动力再生产的基本人权。我国宪法规定，劳动者有休息的权利，国家发展劳动者休息和休养的设施，规定职工的工作时间和休假制度；我国劳动法规定的休息时间包括工作间歇、两个工作日之间的休息时间、公休日、法定节假日以及年休假、探亲假、婚丧假、事假、生育假、病假等。劳动法规定，用人单位不得任意延长劳动时间。

（4）获得劳动安全卫生保护。劳动安全卫生保护，是保护劳动者的生命安全和身体健康，是对享受劳动权利的主体切身利益最直接的保护。由于劳动总是在各种不同环境、条件下进行的，在生产中存在各种不安全、不卫生的因素，如不采取防护措施，就会造成工伤事故和引起职业病，危害劳动者的安全和健康。

（5）接受职业技能培训。职业技能培训是指对准备就业的人员和已经就业的职工，以培养其基本的职业技能或提高其职业技能为目的进行的技术业务知识和实际操作技能教育与训练。我国宪法规定，公民有受教育的权利和义务。受教育既包括受普通教育，也包括受职业教育。公民没有接受职业技能培训的权利，劳动就业权利就无法充分实现。

（6）提请劳动争议处理。劳动争议指劳动关系当事人因执行劳动法或履行集体合同和劳动合同的规定引起的争议。用人单位与劳动者发生劳动争议，劳动者可以依法申请调解、仲裁，提起诉讼。在发生争议时有提请争议处理的权利，也是劳动者其他合法权利的保证。

（7）享受社会保险和福利。疾病、年老等是每一个劳动者都不可避免的，社会保险是劳动力再生产的一种客观需要。它是国家和用人单位依照法律规定或合同的约定，对具有劳动关系的劳动者在暂时或永久丧失劳动能力以及暂时失业时，为保证其基本生活需要，给予物质帮助的一种社会保障制度。

2. 劳动者的义务

劳动者的义务是指劳动法规定的对劳动者必须做出一定行为或不得做出一定行为的约束。权利和义务是密切联系的，任何权利的实现总是以义务的履行为条件，没有权利就无所谓义务，没有义务就没有权利。

劳动者的义务主要包括：

（1）完成劳动生产任务。劳动者有劳动就业的权利，而劳动者一旦与用人单位发生劳动关系，就必须履行其应尽的义务，其中最主要的义务就是完成劳动生产任务。这是劳动关系范围内的法定的义务，同时也是强制性义务。劳动者不能完成劳动任务，经过培训或调整工作岗位仍然不能胜任的，用人单位可以解除劳动合同。

（2）提高职业技能。提高技术业务知识和实际操作技能，使劳动者成为适应社会主义建设的熟练劳动者，有利于提高劳动生产率，加快社会主义建设的速度。

（3）执行劳动安全卫生规程。劳动者对国家以及企业内部关于劳动安全卫生规程的规定，必须严格执行，以保障安全生产，从而保证劳动任务的完成。

（4）遵守劳动纪律和职业道德。遵守劳动纪律和职业道德，是作为劳动者的起码条件。劳动纪律是劳动者在共同劳动中所必须遵守的劳动规则和秩序。它要求每个劳动者按照规定的时间、质量、程序和方法完成自己应承担的工作。职业道德是从业人员在职业活动中应当遵循的道德。遵守劳动纪律和职业道德，是保证生产正常进行和提高劳动生产率的需要。现代社会化的大生产，客观上要求每个劳动者严格遵守劳动纪律，以保证集体劳动的协调一致，从而提高劳动生产率，保证产品质量。劳动者在维护企业和自身利益的同时，还要就自己提供的产品和服务向社会负责，这是现代社会法律要求劳动者必须履行的义务。

（二）工会组织

工会，或称劳工总会、工人联合会。工会原意是指基于共同利益而自发组织的社会团体。现在一般指市场经济条件下，劳动者为改善劳动和生活条件而在特定工作场所自主设立的组织。

工会组织具有以下特点：

第一，工会因劳动关系冲突而产生。工会是市场经济中劳动关系矛盾冲突的产物。工会是作为与资本对抗的组织和力量产生和存在的，其作用在于平衡劳资关系双方的力量，目的在于使冲突的解决走向制度化。

第二，工会以维护会员利益为首要职能。工会是一个利益团体，是为其会员群众谋取利益的权益维护团体，这些权益包括经济权益，也包括社会政治权益和人身权益。劳动者劳动和生活的改善正是工会存在的目的。工会维护职能即工会维护职工的经济利益、政治权利和民主权利的职能，其内容包括就业、劳动工时、劳动保护、劳动报酬、休息休假、医疗保险、养老保险等。

第三，工会以集体谈判为基本手段。劳动者因为需要与雇主进行有组织的交涉而建立工会，工会成立后大多以集体谈判为谋取劳动者利益的基本手段。集体谈判便成为以工会为主体一方的集体劳动关系的核心运行机制。

第四，工会由劳动者自愿结合而成并代表会员意志。几乎所有国家的法律都刻意强调工会组织是由劳动者自愿结合而成的。自愿性一般理解为特定工作场所的劳动者自主地建立或选择某个工会作为自己的代表，工会组织成立的主要意图，可以与雇主谈判工资薪水、工作时限和工作条件等。

（三）劳动者及其工会组织与社会保障的关系

劳动者及其工会组织与社会保障有着密切的关系。劳动者是社会保障的对象，其行为影响社会保障水平。同时，社会保障水平也会影响劳动者的生存状况，并通过激励机制影响劳动者工作的积极性，最终影响用人的绩效与发展前景。下面主要介绍工会参与社会保障体系：

1. 工会宏观参与微观推进各项社会保障政策工作

职工的社会保障权益，主要是通过社会保障的各项法律和政策来体现的。工会要从整体上维护职工的社会保障权益，就必须首先在立法和政策制定参与上进入角色，在督促落实各项社会保障措施中发挥作用，这是工会参与社会保障制度建设担负的一项重要任务。

（1）搞好宏观参与，从源头上维护职工的社会保障权益。工会需要注重拓宽对政府民主参与的渠道，主动加强与同级政府及行政的联系和信息沟通，积极参加社会保障制度改革领导协调机构的工作。工会应参与相关社保工作领导机构的会议，审议有关政策法规和措施的制定，对职工群众关心的难点、热点问题，及时准确地反映情况，有理有据地提出工会的主张，努力推动将职工的合理要求与工会的意见建议体现到法律法规和各项政策中去，从源头上保障职工群众劳动就业、收入分配、社会保障等方面的合法权益。

（2）反映职工意愿，参与各项社保法规政策的修订。鉴于现阶段我国的社保法律体系建设尚不够健全，很多问题主要靠政府的政策来调节的实际状况，为保证工会对社保有关政策的及时和有效参与，工会可通过参加与政府联席会和劳动关系三方协调会议、人大代表和政协委员提议案、电话联系沟通、意见征询函件等形式，积极主动参与有关养老、失业、医疗、工伤、生育、最低生活保障、最低工资标准、社会救助、住房保障、贫困家庭学生免费教育等保险法规政策及地方政策的讨论、修订。

（3）加强联系沟通，协助职工群众解决社会保障问题。工会可以参与劳动部门建立完善最低工资制度，协助民政部门制定最低生活保障线，配合劳动和社会保障部门进行社会保险制度改革和扩大社会保险覆盖面，配合房管部门实施廉租住房工作，等等。

2. 把工会帮扶工作融入社会保障体系

由于目前国家财力还很有限，社会保障水平不高，这就需要工会组织发挥自身优势，认真开展扶贫帮困送温暖活动，补充社会保障的不足，协助政府编织适应职工基本生活需求的更加细密的社会安全网。近年来，中国工会逐步打造和形成了针对困难职工家庭的"元旦春节送温暖""季度救助""金秋助学""工伤探视"等一系列帮扶工作品牌。工会还可以实施职工医疗互助互济计划，以提高医疗保障水平，增强职工抵御疾病风险的能力。还可以通过对职工进行职业技能培训以及免费职业介绍等方式对职工进行帮扶。

二、雇主和雇主组织

（一）雇主

关于雇主的定义，同样可以从劳动关系的角度来界定。在劳动关系中，雇主是相对于劳动者的劳动力使用者的称谓，即在现代产业关系中，雇主是指在具体劳动关系中与劳动者相对应的另一方，代表资方负责管理和处理劳工事务的法人和自然人。我国劳动法对劳动力使用者并没有用雇主这一称谓，而是使用了"用人单位"这一概念。用人单位是指具有用人权利能力和用人行为能力，运用劳动力组织生产劳动，且向劳动者支付工资等劳动报酬的单位。这个提法，反映了我国的劳动关系尚处在转变过程中的现实状况。

1. 雇主的权利

雇主的权利源于其对生产资料的占有权，为了妥善处理与工人和工会的关系，维护雇主自身利益和保证生产顺利进行而必须赋予的权利。各国的劳动法律都没有明确地对雇主权利做出规范，但在理论和实践上，雇主权利可以概括如下：

（1）组织权。不仅工人有组织起来的权利，雇主同样有组织权。作为核心劳工标准的国际劳工组织第87号公约《结社自由和保护组织权利公约》就规定："工人和雇主应毫无区别有权不经事先批准建立和参加他们自己选择的组织，其唯一条件是遵守有关组织的规章。"与此相适应，一些国家在关于工会组织的立法中也明确规定了雇主组织的权利。雇主组织成立的目的在于，对抗劳动者的要求，以维护自身在劳动关系中的利益。

（2）劳动指挥权。劳动指挥权是雇主所拥有的核心权利。雇主是生产资料的所有者，可以自由分配处置生产资料，所以在生产过程中享有相对优势的指挥权，这也是保证生产经营正常运行和提高劳动生产率的必要前提。雇主要根据本企业的实际情况制定各项规章制度，并要求劳动者遵守，在劳动过程中，雇主也有权要求劳动者按质保量地完成劳动任务。雇主有权要求劳动者努力提高职业技能，认真执行劳动安全卫生规程，要求劳动者严格遵守劳动纪律和职业道德。

（3）奖惩权。奖惩权可以理解为雇主实施劳动指挥权的延伸和补充。奖惩权是雇主谋求企业生存、提高生产率和维持企业秩序的重要手段。一般法律中不对雇主的奖励措施进行规定，而是由雇主根据企业的具体情况和雇员在生产过程中的表现设计奖励措施和内容。一般各国都对雇主所能采用的惩罚措施进行了明确规定。惩罚措施不能危及雇员合法的人身和经济权利，可以采用警告、谴责、降职、降低工资、停职、解雇等。

（4）闭厂权。闭厂权可以理解为相对于劳动者集体争议权的"雇主的争议权"。相对于工会所享有的集体争议权，闭厂权是雇主对抗劳动者罢工的唯一具有实效的手段。根据劳资关系对等的平衡理念，由于雇主不得以罢工为理由解雇正当罢工的工人，所以只能以关闭工厂为手段来对抗工人的罢工行为。雇主行使罢工权必须遵守两个原则：一是不得在工人罢工之前采用攻击性的闭厂手段；二是闭厂不能无期限作为对抗罢工的手段，必须在一定限度内进行。

2. 雇主的义务

（1）平等雇用劳动者。雇主作为劳动力的使用者，应根据本企业的生产需要、经营特点和经济效益，平等择优地雇用劳动者，不得因种族、肤色、性别、政治见解、民族血统或社会出身等原因，具有取消、损害就业或职业机会均等和待遇平等作用的任何区别、排斥与优惠。虽然雇主有权择优录用职工，但是雇主的用人自主权是不能无限扩大的。雇主的用人自主权是相对的、有条件的，雇主设置的招聘条件必须基于该职位工作的性质、需求及其他相关因素所必需的条件。如果不是基于该职位所必需的"合理差别"而设的就业限制就是歧视，雇主的就业歧视是侵害了公民的平等就业权，也是违反宪法、法律和国际标准的违法行为。

（2）提供劳动报酬。劳动报酬是劳动者在劳动关系中享有的基本的核心权利。劳动者为了获得报酬才与雇主确定劳动关系，作为雇主使用劳动力的代价，雇主应遵循按劳分配的原则，支付给劳动者不低于当地最低工资标准的工资，保障劳动者的劳动报酬权。

（3）保证劳动者休息休假权。雇主应按照法定的工作时间安排本企业的生产，保证劳动者有充分的时间休息和休假，不得随意延长工作时间，确实需要延长的，要依法办理，保障劳动者享有休息休假的权利。

（4）提供社会保险。社会保险的模式和内容不尽相同，但基本上都覆盖养老、医疗、工伤、失业等方面，保险费用大多采用国家、雇主和劳动者合理分摊的方式。对于雇主而言，缴纳社会保险是其义不容辞的义务。雇主要依法缴纳各种社会保险费，为劳动者提供各种社会保险待遇，并在发展生产的基础上，提高职工福利待遇和福利水平，保障劳动者享有社会保险和福利的权利。

（5）保证劳动者安全和健康。个人的安全和健康是雇主维持正常生产和提高劳动生产率的必要条件。虽然劳动者的安全与健康涉及国家、雇主和劳动者的共同责任，但劳动者的安全与健康直接与工作场所有关，所以保护劳动者的安全和健康是雇主的义务。雇主应依法向劳动者提供符合国家规定的劳动安全卫生条件和各种劳动保护措施，严格执行国家规定的劳动安全卫生规程，做好伤亡事故和职业病的预防与处理工作，依靠技术进步，改善劳动条件，减轻职业危害，保障劳动者在劳动过程中的生命安全和身体健康。

（6）提供职业培训。职业培训又称职业技术培训或职业能力开发，指直接为适应经济和社会发展的需要，对要求就业和在职人员以培养和提高职业能力为目的的智力开发活动。各国的法律都十分强调政府、雇主和社会机构在职业培训中的作用。

（二）雇主组织

1. 雇主组织的形式

雇主组织是指由雇主（用人单位）依法组成的，旨在代表、维护雇主利益，并努力调整雇主与雇员以及雇主与工会之间关系的团体组织。雇主组织建立的宗旨和目标是维护雇主利益、建立协调的劳资关系、促进社会合作，其形式多种多样，主要有以下三种类型：

（1）行业协会

行业协会是指介于政府、企业之间，商品生产业与经营者之间，由某一行业企业组成的单一的全国性行业协会，为其成员服务、咨询、沟通、监督、公正、自律、协调的社会中介组织。行业协会是一种民间性组织，它不属于政府的管理机构系列，它是政府与企业的桥梁和纽带。这种行业协会不处理劳动关系，主要负责行业规范、税务政策、产品标准化等事项。在少数国家，行业协会作为地区和国家级雇主组织的中间环节，直接参与劳资谈判，确定行业性的集体协议框架。行业协会属于《中华人民共和国民法通则》规定的社团法人，是我国民间组织社会团体的一种，即国际上统称的非政府机构，又称NGO（Non-Govern-Mental Organization），属非营利性机构。

（2）地区性协会

由某一地区的多种企业组成的地区性协会，代表该地区雇主的共同利益。这种协会一般与全国性雇主协会一样负责处理劳动关系等涉及雇主权利的事宜。

（3）国家级雇主联合会

国家级雇主联合会由全国行业和地区雇主协会组成，也就是通常所说的国家级雇主组织。它主要负责处理劳资关系各个方面的事务，包括与工会的关系、劳工政策、参与劳动立法、行政管理和仲裁，其主要工作是与工会协商劳资关系。

2. 雇主组织的作用

（1）集体谈判

同工会进行谈判、签订集体协议、协调劳动关系，是雇主组织发展的最基本原因，也是雇主最基本的功能和经常性的重要工作。雇主组织原则上是谈判的主体，代表雇主利益与工会进行谈判。中国企业联合会（简称中国企联）是国际劳工组织和中国政府承认的中国雇主的代表性组织。但是与中华全国总工会相比，中国企联在其代表性和会员数量方面都很弱。与工会从上到下的组织体系不同，雇主的代表暨中国企联在许多区县一级并没有相应的分支机构，因而在开展区域性、行业性集体谈判和集体协议制度中企业方主体缺位显得更为突出。除了产业和地方一级谈判中确立雇主与雇主组织之间的关系外，在企业间理顺企业、工会和管理方之间的关系也是集体谈判的一个难题。

（2）参与立法和政策制定

雇主组织的另一个重要作用是参与制定和修改有关劳动关系的立法。通常采用三种方式：一是通过在有关立法机构中吸收雇主组织代表参加；二是通过游说影响政府在立法和政策制定中的立场；三是通过三方协商机制。同时，一些雇主组织由于与产业协会实现了合并，又承担经济政策的协调工作，包括经济环境、产业发展、贸易拓展等。为了推进和保证雇主组织作用的发挥，各级协会都十分重视雇主间的意见协调，以及与立法机构、政府部门、工会组织、媒体的沟通，强化自身的研究、培训、咨询、出版与宣传职能。

（3）提供法律、培训等服务

雇主组织还可以提供相关的服务，包括培训服务、劳动关系服务及研究和信息服务。培训服务的内容主要包括劳动关系（劳动法、集体谈判、制定工资政策、劳动关系法规和规则等）和人力资源发展（有效监督技巧、领导和劳动关系技巧、有效的时间管理、工作场所的职业安全与卫生等）。劳动关系服务包括咨询、代表和会议三个部分。咨询服务包括通过电话的咨询，直接与顾客进行有关问题的研讨，就劳动条件、所有权变更等具体专题提供顾问服务；代表服务包括代表会员参与集体谈判，劳动调解，出席劳动法庭案件的审理。

（三）雇主及其组织与社会保障的关系

1. 雇主是社会保障经费的主要提供者

社会保障资金"取之于民，用之于民"，主要有以下几个渠道：①国家财政负担。国家通过税收征集财政资金，国家财政承担对低收入阶层的援助以及社会的共同福利。同时，也承担社会保险的部分责任，如允许企业为职工缴纳的社会保险费在税前列支；当社会保险基金收支不平衡而出现赤字时，国家财政提供补贴等。②用人单位负担。雇主或用人单位负有为其职工提供一部分社会保险基金的义务，可以在税前列支，成为人工成本的一部分。③个人负担。此举可以增强自我保障意识，并有利于加强人们对社会保障基金的管理和监督。④社会及个人的赞助。⑤社会福利有奖募捐。这种方式已成为许多国家持久不衰的一种社会筹资形式。⑥社会福利设施的资金筹集。⑦社区服务的资金筹集。⑧其他按规定收取的滞纳金、社会保险基金存款利息及保值增值的收入等。

作为社会保障的核心部分，社会保险基金的来源主要有社会保险费、政府资助或补贴、基金的投资运营收入，以及滞纳金和罚金收入。在社会保险费的负担方式中，常见的有以下六种：企业（雇主）与被保险人共同负担，企业（雇主）和政府共同负担，政府和被保险人共同负担，政府全部负担，企业（雇主）全部负担，被保险人、企业（雇主）和政府三方负担。

一般来说，社会保险基金主要来源于劳动者、用人单位、政府和社会，具体到不同的保障项目，则保障的责任、范围、基金来源渠道也不相同。大多数国家规定养老、伤残和遗属保险基金由国家、用人单位和个人共同负担。对于工伤保险、失业保险等基金，一般是两方或一方出资负担，多数国家规定工伤保险基金由用人单位承担，这反映了雇主应对遭受工伤伤害的劳动者进行补偿的原则。

由以上社会保障的资金来源可以看出，企业（雇主）是社会保障经费的主要承担者，因为：①社会保障费用的大头——社会保险费主要来自企业，不管出资者名义上是单位还是个人；②政府负担的部分其实最终也有大部分出自企业缴纳的税收；③企业还承担着部分社会福利经费。

2. 社会保障水平影响雇主的用工成本

我国统计制度将人工成本定义为企业在一定时期内，在生产、经营和提供劳务活动中因使用劳动力而支付的所有直接费用和间接费用的总和。企业人工成本包括职工工资总额、社会保险费、职工福利费、职工教育费、劳动保护费、职工住房费用和其他人工成本费用七大项。其中，职工工资总额是人工成本的主要组成部分，位居第二、第三位的分别是社会保险费和职工福利费。可见，社会保险费是人工成本构成中的一个重要项目，社会保险费缴费比例的高低，即社会保障水平的高低，直接影响到雇主的用工成本。社会保险缴费率调高，则带动人工成本的上升；社会保险缴费率调低，则人工成本水平可相应下降。

3. 社会保障水平影响员工工作积极性与企业绩效

公平是社会保障制度的本质特征，而公平本身应该是保护与激励的统一，因此，社会保障制度应是兼顾保护与激励的公平。

社会保障的利益轴心激励功能主要通过下列机制实现：

（1）加大个人对社会保障资金的供给份额，使公民清楚意识到社会保障资金的获取及其获取份额的多少与自己缴纳的社会保障金及其多少有关，进而激励公民为获得更高的保障而努力劳动和积极缴纳保障金。

（2）缴纳社会保障费应该与工资挂钩，进而与津贴和保障费发放多少挂钩。这种多劳多贡献、就多获取社会保障给付的分配机制，能够激励劳动者和公民的劳动积极性。

（3）社会保障报酬作为员工薪酬的一部分，通过"效率工资"机制，与员工的劳动积极性呈正相关，即社会保障水平越高，员工的工作积极性越高，从而企业的绩效也就越好。

三、政府和非政府组织

（一）政府

根据《中华人民共和国宪法》（简称《宪法》）的规定，我国政府的基本含义包括以下五个方面的内容：①国家和地方各级人民政府由相应的人民代表大会产生，是国家权力机关的执行机关。②政府向本级权力机关负责，还要向上一级政府负责，向其报告工作并接受其监督。③各级政府的行政管理，从范围来说是全方位的，但其特定的任务就是领导、组织和管理国家公共行政事务。④政府拥有法定的行政管理和执行权力，运用行政手段对社会生活进行指挥。⑤为人民服务是国家和各级政府的宗旨，是一切行政措施的出发点和落脚点。

1. 政府在劳动关系中的作用

第一，制定劳动政策。政府作为劳动关系立法的制定者，通过立法介入，规制影响劳动关系。立法是政府的一项重要职能，政府通过出台法律、法规来调整劳动关系。劳动行政的主要作用是劳动政策的制定，包括为实现法律规定的具体的权利、利益，制定政策、政策解释，以及组织实施和实施监督。政府立法活动主要在三个领域：有关个人合法权利的立法、有关集体权利的立法、有关建立集体谈判机制的立法。政府是劳动关系的政策制定者和宏观调控者。

第二，建立与完善劳动市场。发展和维持市场经济是以劳动力市场的形成为前提条件的，各个主要市场经济国家都在宪法中对公民的流动自由做出了保障。劳动行政在完善劳动力市场中的责任主要体现在促进劳动力流动、职业介绍、就业培训、失业保险等方面。通过就业政策，包括运用税收和货币手段，调节劳动力的需求；通过人力资源政策，包括开展职业预测、职业培训和再培训，调节劳动力的供给；通过调节工资价格变动的工资政策、就业服务政策、社会保险制度，以及保证公平就业和公平报酬的反歧视政策与劳动保护等，保证劳动者的经济利益、就业权利和就业条件，促进劳动力市场的形成。

第三，维持并提高劳动条件。劳动条件对劳动者来说是生活中不可或缺的生活来源，对企业来说，是保全劳动力，维持生产和扩大再生产的前提，劳动条件在劳动关系中占有重要位置。但维持和提高劳动条件，需要企业支付很大一部分成本，很大程度上影响了企业的收益，因此劳资对立主要是劳资之间的利益对立，大多时候是围绕劳动条件而产生的对立，完善的劳动条件是协调劳动关系的重要因素。为促进国家竞争力和扩大内需以维持和发展市场经济，政府必须维持和提高劳动者的劳动条件。

第四，协调劳动关系。劳动关系的协调最终需要劳资双方的合意，但因劳资双方力量的悬殊，这种合意往往很难实现，这就需要政府的力量进行协调。政府要鼓励和支持劳动关系双方尽可能通过调解和仲裁程序解决劳动争议，进入诉讼程序要努力促进公正裁判，避免出现激烈的冲突。政府对弱势群体的劳动争议诉讼应当实行救助，从财力上支持工会建立困难职工法律援助制度。

政府在劳动关系中具体发挥组织、平衡、监督、服务的作用。①组织作用。政府的职责决定了其主导地位和组织者的身份。②平衡作用。当劳资双方在某一时期或某一问题上出现了分歧，一方力量明显大于对方时，劳资关系的协商会困难重重，协商结果也不利于共同合作，这对发展经济和安定社会都会产生消极影响。政府的作用就是采取强硬的调整措施，使双方力量保持平衡。③监督作用。政府在三方协商格局中主要发挥监督作用，并通过政府监督和指导集体合同的订立，确保劳资双方协商内容的公平、合理、合法、完备和可行。监督方式为登记、备案、审查或批准。④服务作用。政府在三方协商机制中主要的作用将成为一种服务关系，即政府要为劳资关系的协调创造条件和提供服务。

2. 政府在社会保障事务中的角色

世界各国政府都不同程度地介入社会保障领域，究其原因，主要包括以下三个方面：首先，社会保障具有典型的公共性，离不开政府的扶持与投入；其次，社会保障具有强制性，决定了只有政府这一权威主体，才能全面推行这项政策；最后，生产社会化的不断深入，社会成员的基本保障问题不再是企业、个人和家庭有能力解决的经济问题，社会保障的最终责任主体只能是国家或政府。政府必须承担起满足公民社会保障需求的责任，主要包括以下五个方面：

（1）制度设计。社会保障制度作为公共选择的产物，决定了政府应当承担制度设计、建设和改革的责任。在政府主导社会保障前提下，建立什么样的社会保障制度，坚持什么标准，采用什么模式，各方主体的责任如何划分以及社会保障制度如何实施等，都需要政府在制度设计方面发挥应有的作用。

（2）健全法制。世界上任何一个国家社会保障体系的建立，无不以制定和实施社会保障法律为起点。社会保障的强制性必须通过国家立法才能得到有效体现。

（3）财政支持。在现代社会保障体系中，政府的财政支持是社会保障资金的主要来源之一。中国社会保障中的社会救助、社会福利和优抚安置所需资金，基本上是国家财政拨付的；而社会保险所需资金，虽通过企业和个人缴费筹集，但其缺口也需要国家财政予以补充。因此，没有国家财政作为经济后盾，很难建立和完善社会保障体系。

（4）监督管理。监督管理是保证社会保障体系良性运行的必要条件。实践表明，政府必须加强对社会保障的监管力度。政府监督检查各项社会保障规章制度的落实情况，对社会保障领域出现的各种违法行为、基金贪污挪用行为、执行不到位现象等进行事前监督和事后严惩。

（5）基金管理。社会保障基金是指国家或社会依法建立的用于保证全体社会成员最基本经济生活需要的专项基金。选择合理的社会保障基金筹集模式，对基金进行良好的管理和高效的运用，确保基金的安全完整和保值增值是各级政府义不容辞的责任。

（二）非政府组织

非政府组织是一个集合概念，美国约翰·霍普金斯大学公民社会研究中心的著名学者莱斯特·萨拉蒙认为符合以下五个条件可以称为非营利组织或非政府组织：①组织性，即这些机构都有一定的制度和结构；②私有性，即这些机构都在制度上与国家相分离；③非营利属性，即这些机构都不向它们的经营者或所有者提供利润；④自治性，即这些机构都基本上是独立处理各自的事务；⑤自愿性，即这些机构的成员不是法律要求而组成的，这些机构接受一定程度的时间和资金的自愿捐献。按照这个标准，与政府、企业相区别的那些不以盈利为目的，旨在实现公共利益的民间组织都属于非政府组织的范畴，具体包括独立组织、民间组织、第三部门、志愿协会等。

1. 非政府组织的行动目标

非政府组织作为独立于政府、企业的公益组织，所关心的问题主要是一些与公众生活息息相关的全球性问题，其中当然包括对劳工权益保护问题的关注。尤其是各类国际人权非政府组织对劳工人权问题给予了极大的关注。

充分的人权，是人类长期以来的追求。20世纪以来，人权已经成为国际社会普遍关心的重大议题之一。劳工权利是人权，可以被看作工作中的人权。

人权非政府组织关注劳工权益的维护。相对于工作对象主要为工会组织中的工人的雇主组织而言，非政府组织中的人权组织对提高在发展中世界和发达世界的非工会组织的工人的劳动条件，以及女性工人和移民工人的问题更感兴趣。

2. 非政府组织通过促进劳工标准发挥作用

劳动关系协调和社会保障是劳工标准的重要内容，而劳动标准的其他方面也影响到劳动关系状况。因此，非政府组织对劳工标准的推动，体现了它在劳动关系协调和社会保障事务中的角色和作用。

非政府组织主要通过积极推动劳工标准理论研究、现实调查、生产守则运动和开展劳工能力建设等方式促进劳工标准。其活动方式主要是通过切实提倡和采取行动，通过给政府或企业施加压力和与政府或企业合作，劝说各国政府及其企业建立、接受和执行有关国际劳工标准的有关规范。

第四节 劳动关系的运行与构建

一、劳动关系系统的运行

劳动关系系统的运行是指劳动关系系统的组织构成、权利分配以及关系处理与作用发挥的过程和方式。

劳动关系系统的运行主要包括两个方面的内容：一是组织机构与相互关系；二是劳动关系处理的规则和程序。劳动关系系统的运行过程主要包括三个阶段：第一个阶段，劳动关系的构成；第二个阶段，劳动标准的确定和实施；第三个阶段，劳动争议的处理和解决。

劳动关系系统的运行通常有两种基本形态：劳动关系的冲突和劳动关系的合作。冲突和合作是劳动关系系统运行中的一对矛盾，冲突和合作在劳动关系系统的运行中会交替出现，而运行的基本方向则是劳动关系的合作。

劳动关系系统的运行有两种功能：动力功能和约束功能。动力功能具有启动劳动关系并使之运行的作用，约束功能具有对这一运行加以控制的作用。从本质上说，劳动关系系统的运行是以人们之间的经济利益关系为调节轴心的。

劳动关系系统的运行和发展，一般来说可以分为三种状态：良性运行和谐发展；中性运行常态发展；恶性运行畸形发展。促使劳动关系良性运行和谐发展，是劳动关系系统运行的基本目标，也是劳动关系系统运行机制的基本作用。为此，必须建立和完善劳动关系系统构成、运行和冲突处理的机制体系。这个体系一般应包括劳动力合理配置的市场机制、劳动关系建立的契约机制、劳动标准确立的协商谈判机制、劳动关系规制的法律机制、劳动关系管理的督察机制等。

二、和谐劳动关系的构建

（一）和谐劳动关系的特征

劳动关系是最基本的社会关系之一，劳动关系和谐与否，事关企业发展和职工利益，事关经济发展与社会和谐。和谐的劳动关系是指企业和员工之间基于平等、公正、协商、信任和尊重的关系，共同促进生产力和生产关系的发展，实现企业和员工的共同发展和共同繁荣。具体来说，和谐的劳动关系应该具备以下五个方面的特征：

第一，平等协商。企业和员工之间在签订合同、制定劳动规章制度、调整工资待遇等方面，应该采取平等协商的方式，共同商定合理的方案。

第二，公正合理。企业应该合理地安排工作任务和工作时间，提供适当的福利待遇，对员工的工作成绩和贡献进行公正评价和奖励。

第三，互信互敬。企业和员工之间应该建立起互信的关系，相互理解和支持，企业应该信任员工的能力和诚信，保障员工的劳动权利，同时员工也应该尊重企业的合法权益。双方共同遵守契约，遵从法律法规，恪守职业操守，实现诚信合作。

第四，共同发展。企业应该为员工提供良好的工作环境和发展机会，帮助员工提高自身素质和能力，和员工一起共同促进企业的发展，共同分享企业的成果和利润，实现双赢的目标。

第五，和谐稳定。企业和员工之间应该保持和谐稳定的劳动关系，避免出现劳资矛盾和劳动争议，共同维护企业的正常运营和生产。

（二）造成劳动关系争议的原因

造成劳动关系争议的原因是多方面的。一方面，一些企业为了追求利润最大化，可能会采取不合法、不合理的劳动管理方式，如拖欠工资、违反劳动合同、不提供社会保险等，导致劳动者的权益受到侵害；另一方面，一些劳动者也存在不合理的要求和行为，如恶意请假、无故缺勤、违反工作纪律等，给企业的正常运营和生产带来一定的困扰。此外，劳动法律法规的宣传和执行力度不够、监管措施不到位、劳动争议调解机制不完善等也是造成劳动关系争议的原因之一。

各级积极部署、推进和谐劳动关系创建活动，政府相关部门可以采取一系列措施，如加强劳动法律法规的宣传和培训、建立劳动争议调解机制、加强对企业的监管和惩处等。同时，也应鼓励企业和员工通过协商和谈判解决争议，促进劳动关系的和谐稳定。

近年来，各级政府部门广泛深入开展和谐劳动关系创建活动。2023年1月，人力资源和社会保障部、中华全国总工会、中国企业联合会/中国企业家协会、中华全国工商业联合会联合发布《关于推进新时代和谐劳动关系创建活动的意见》，规划了未来五年构建和谐劳动关系的指导思想、目标任务和工作原则，从创建内容、创建标准、评价机制、激励措施、工作要求等方面做出明确部署和安排，进一步扎实推进和谐劳动关系创建活动。

和谐劳动关系创建活动是构建和谐劳动关系的重要载体。和谐劳动关系创建活动在保障职工各项权益、完善协商协调机制、推动企业与职工共商共建共享等方面取得了积极成效，为促进经济高质量发展和社会和谐稳定发挥了重要作用。

浙江省也公布了《关于加强全省劳动关系协调员队伍建设的实施意见（征求意见稿）》，指出劳动关系协调员是构建和谐劳动关系的重要力量，浙江省将加强劳动关系协调员队伍建设，逐步建立一支政治素质高、业务知识精、工作能力强、基层力量足的劳动关系协调员队伍，将这支队伍作为畅通劳动关系工作"最后一公里"的重要基础和保障。

（三）改善劳动关系的有效措施

企业想要实现稳定发展，应当注重和谐劳动关系的构建，在构建和谐劳动关系的过程中，需要充分利用人力资源管理、组织文化等有效手段。

第一，建立健全的劳动制度。企业应该建立完善且合理的规章制度。明确劳动者的权利和义务，规范企业的管理和运营，确保员工的权益得到保障，同时遵守国家法律法规和劳动法律法规，尽可能避免出现劳资矛盾和劳动争议。

第二，建设和谐的企业文化。企业需要明确和坚守公司价值观和文化氛围基础，树立尊重员工、以人为本的文化氛围，通过科学合理、积极向上的企业文化来引导员工树立职业初心。同时，加强员工的职业道德建设，培养员工的职业道德和职业精神，提高员工的素质和能力，以此更好打造良好的和谐劳动关系。

第三，加强人力资源管理。企业应该注重人力资源管理，提高员工满意度，促进员工参与企业决策，让员工了解企业的发展目标和计划，增强员工的归属感和责任感，通过多元化的激励措施激发员工的工作热情，提高员工的工作积极性和满意度。比如，严格落实奖惩制度和绩效考核制度，及时奖励贡献突出的员工，严厉惩处不遵守公司制度或道德底线的"违规"行为；提供有竞争力的薪酬，倡导多劳多得、优劳优得的干事导向；安排假期、疗休养等福利以缓解员工的工作压力。

第四，建立沟通渠道。企业应该与员工建立起良好的沟通和协商机制，建立员工和管理层之间的沟通渠道，了解员工的需求和意见，及时给出反馈和解决方案，让员工感到自己的需求被听到并得到了重视，建立起互信互敬的劳动关系。

第五，提供培训和职业发展机会。企业应该为员工提供必要和有效的培训以帮助员工进一步提升技能和能力，鼓励员工通过学习和培训提高自身素质，增加晋升机会，从而获得更广阔的职业发展机会，也为企业的发展提供更多的动力。

第六，加强劳动保护。企业应该加强劳动保护，营造安全、健康、舒适的工作环境，减少工伤事故和职业病的发生。

当然，构建和谐的劳动关系也需要员工的共同努力。员工需要信任企业，为企业创造价值，在劳动过程中出现问题以及资源需要时，需要积极与企业交流意见，与团队共同发挥优势。和谐的劳动关系需要企业和员工之间建立平等、公正、协商、信任和尊重的关系，实现共同发展的目标。

综上所述，构建和谐劳动关系，需要政府、企业和员工的共同努力。政府部门需要加强宣传培训、建立调解机制、加强监管惩处、加强劳动关系协调员队伍的建设；企业需要充分利用人力资源管理、组织文化等有效手段，通过加强人力资源管理、加强沟通和协调、建立健全的制度和机制，保障员工的权益；员工也需要与企业互信互敬、共同发展，实现双赢。

第五节　事业单位劳动关系的冲突与化解

一、事业单位劳动关系的差异分析

（一）制度与管理方面的差异

针对编制内的人员一般采取的招聘流程为：第一，通过社会公开招聘，根据指定程序组织考试，再向上级主管单位以及省委机构编制委员会进行申报，然后双方签订正式的"事业单位聘用合同书"，完成上述步骤之后才算正式录用。在录用之后就是该事业单位中的正式员工，其工资审核、职称晋升等事项需要结合国家和省相关规定落实。

单位和这类员工之间的人事问题可以通过人事争议仲裁委员会以及人民法院予以处理。针对编外人员落实的招聘方式就比较灵活，通常是单位自行决定招聘流程并确定工资标准。结束招聘后，受聘人员与单位签订经过劳动与社保部门联合监管下编制的劳动合同。根据《中华人民共和国劳动法》和《中华人民共和国劳动合同法》等法规要求，受聘人员和事业单位双方均具备依法要求解除劳动合同的权利，双方如果出现劳动冲突可通过劳动争议调解委员会、劳动争议仲裁委员会以及人民法院处理。

（二）社会保险方面的差异

在事业单位工作的人员不论编制内还是编制外均享有养老、医疗、失业、工伤及生育五项保险，但是在具体运行期间还存在一些不同，多数单位对编制内外的工作人员执行两套管理制度，导致编制外的工作人员无法免除生活上的顾虑。现阶段，我国正在落实事业单位内部职工的社会养老保险制度改革工作，主要是为了充分化解编外职工的养老保险问题。这之中相应的现实问题，大众展开了深入讨论，例如针对编内及编外的职工是否可以享受统一的养老政策，如何才可以科学设定养老金数额，数额的明确需要有哪些依据等。这些问题的出现与分析，对我国养老保险制度的补充与调整发挥着重要的影响。

（三）薪资福利待遇方面的差异

在薪资、福利待遇上，老员工和新员工存在明显不同。比如，岗位相同但是薪酬有差异，在福利待遇和职业发展上奉行着不同的政策，新员工在薪酬、补助、福利待遇及职位晋升等内容的阻碍会更多一些。纵观事业单位人事管理实际情况，在改革开放之后的几十年间，事业单位中含有的突出身份特征的人才应用模式始终没有完全消除，并且在全国范围内成了一个泛化问题。在新时期，急于将二者统一并不现实，但是需要加大力度分析怎样才可以慢慢消除这种差异，让事业单位人事结构更为合理和可靠，让事业单位全体职员均可以平等享受改革带来的成果。

二、事业单位劳动关系中存在的冲突

（一）临时工管理中产生的冲突

事业单位在开展人事制度改革过程中，针对临时聘用人员的管理方式不能通过规定的劳动关系予以处理，由此导致劳务冲突问题产生。不仅如此，事业单位在解决劳务冲突时，其内部管理人员因为于劳动合同或是劳动法的了解不够详细，导致对这类职员冲突加以管理时，只能根据人事政策对其予以处理，也就是对职员进行除名、辞退或是开除，但是没有及时向职员下达通知书，导致这部分职员因此要求实施劳动仲裁。

（二）离岗人员处理不当而导致出现人事纠纷

正式职工在离职时，事业单位没有对该类工作人员人事档案加以合理处置，导致事业单位可能出现人事关系冲突的主体可以分为以下两种：

第一，事业单位通过口头传达的方式将工作人员予以解聘、开除或是除名。例如，事业单位因为顾虑工作人员年龄较高，身体素质和思想素质上均存在限制，管理层借此为由对员工进行劝退，但是没有出具书面形式的通知或是文件，使得这部分员工通过仲裁的方式要求恢复职位。

第二，选择经商的人员。这部分人员选择"下海"经商，普遍会在事业单位中以停薪留职的方式，在指定时间段内，若是人员没有回到单位复职，则单位就会根据自动离职的方式对其予以除名。在这部分人员选择找回单位，并要求单位让其回归岗位并缴纳相应保险时，就会产生人事纠纷。

三、事业单位和谐劳动关系的搭建策略

（一）形成和谐融洽的管理理念

由于每个人的性格特征存在差异，因此人力资源管理在现实开展中会出现不同的劳动关系形式。在当前社会发展现状下，为了形成健康且积极的事业单位劳务工作氛围，人资管理相关人员应该将事业单位内部人员看作和谐人，把单位打造成和谐场所，从而应用和谐工作思想引导人力资源管理。和谐事业单位管理思想是将工作人员当成和谐人，而并非事业单位的成本与压力，适度减轻效益关注度。在和谐管理的推动下，多数事业单位内部人员会自觉调整职场社交习惯，适应岗位、适应同事，在部门中搭建和谐的人际关系，从而可以在融洽氛围中发挥自身价值，为事业单位带来利益。在形成和谐劳动关系过程中，事业单位的人力资源管理人员需要改变工作人员和事业单位的对立思想，优化工作人员的认识思想。教育指导和任职选拔对工作人员快速适应岗位具有积极作用，以此保证工作人员与岗位之间和谐适应。并且，需要对事业单位业务运转效益共享体系和交流互动体系进行完善，以此加强工作人员之间、人员和单位之间的协同关系，打造更加积极健康的事业单位工作环境。

（二）调整事业单位工作效益第一的管理意识

在构建形成稳定和谐的劳动关系基础上，事业单位需要自觉改变工作效益第一的人力资源管理思想，形成新时期人力资源管理思想，将公平正义作为评判尺度，将工作效益定为目标。在事业单位人力资源管理上要关注科学性与效益性、平衡性问题，注意二者位

置的一致性。事业单位为了提升人力资源管理工作效率，需要践行新型的人力资源管理模式，构建针对性激励制度，从而激发工作人员的主观能动性。若是人力资源管理以工作效益为基础，就无法真正发挥其效用。根据行业专家表示，正义是为了维护更多人的利益，并非舍弃少数人的利益。事业单位在进行人力资源管理时，对规范与工序的设定需要以大多数人的利益为主，也需要维护弱势群体的利益。在正义科学中，最基础的正义就是法律制度，事业单位中的人力资源管理总体模式要以法律制度为第一。深入落实《劳动法》是人力资源管理部门维护正义的有力表现，只有遵循相关法律法规对众多工作者实施整体约束，才可以达成人力资源管理高效落实的目标。

（三）科学开展事业单位工会组织建设工作

事业单位和众多工作人员之间的利益均等是和谐劳动关系的核心，需要重视对所有工作人员人格尊严方面的公平性维护。首先，要有效利用工会组织的职能维护和谐有序的劳动关系。事业单位可以在实际的人力资源管理工作中应用工会制度，从业人员根据工会制度规范，主动展开对话交流，从而搭建和谐稳定的劳动关系。其次，要主动发挥事业单位自身工会组织在优化完善事业单位内部职工基础性社交关系格局上的积极作用，根据职工工作岗位实际，和在指定时间段内的基本生活状态，为职工提供合理可靠的人文关怀，保证事业单位工作人员可以有效感受到部门和单位的关心。最后，事业单位自身工会组织需要利用多样丰富的文娱活动的开展，推动事业单位内部各个部门之间加深互动交流，实现跨部门之间人员和谐相处目标，在构建全覆盖的事业单位内部社交网络背景下，优化和加强事业单位内部劳动关系稳定性，推动事业单位不同业务活动的高效落实。

综上所述，通过对事业单位劳动关系实施分析可以看出，劳动合同需要遵守公益性原则，保证单位人员将自身职能和权益切实贯彻在实处。针对编外人员来讲，要对其落实聘用制，并不断完善和优化编制制度，让工作人员数量与工作效率成正比，以此有效预防发生员工压力过大问题。不仅如此，事业单位还需要合理应用外聘合同、劳动合同，调动工作人员主观能动性，以此促进工作整体效率提升，推动事业单位长效发展。

第六章 社会保障工作开展及其体系建设

第一节 社会保障及其模式

一、社会保障的基本认识

我国对社会保障的定义是指国家通过立法，积极动员社会各方面资源，保证无收入、低收入以及遭受各种意外灾害的公民能够维持生存，保障劳动者在年老、失业、患病、工伤、生育时的基本生活不受影响，同时根据经济和社会发展状况，逐步增进公共福利水平，提高国民生活质量。

（一）社会保障的特征

社会保障具有以下特征：

一是社会性，又称普遍性，即市场经济条件下的所有社会成员，不分所有制性质、不分部门和行业、不分有无职业、不分城市和农村，当其生存或生活遇到困难，无着落时，都应依法普遍地从社会获得物质帮助，保障其基本生活需求。社会保障的社会性又主要表现为四个方面：一是社会保障对象的社会性；二是社会保障范围的社会性；三是社会保障基金来源的社会性；四是保障方式的社会性。

二是公平性，指社会成员在地位平等、权利平等的基础上对享受社会保障的机会和权利实行机会均等与利益均等的体现。

三是福利性，指相对于社会成员个人而言，其在社会保障方面的支出要小于在社会保障方面的收入。这一特征的形成，主要是因为除社会保障参与或受益群体外，政府、雇主及社会各界还在一定程度上分担着个人的生活保障责任。福利性作为社会保障的一个基本特征，决定了社会保障虽然可以引入一定的市场机制，但它在本质上却是市场机制无法调控的。

四是强制性，是指社会保障是国家依法强制实施的一种社会安全保障制度。社会保障的强制性，首先，表现在国家用立法形式明文规定每一个社会成员的基本权利和义务，任何一位公民，只要符合社会保障有关法律的规定，都必须参加社会保障并享受其保障。其次，表现在其以强制性方式筹集社会保障基金。强制性征集基金，主要有两种形式：一种是凭借国家的政治权力，通过税收制度，实行强制性的课征，即采用征税的方式来筹集基金；另一种是通过颁发有关法令、法规等进行强制性的统筹，即采用社会统筹的方式来筹集基金。

五是多样性。由于影响社会保障因素的复杂性和不同国家的传统文化，以及社会成员对社会保障需求的差异，现代社会保障制度在各国的实践中通常表现出多样性的明显特征。

（二）社会保障制度

1. 社会保障制度的目标

从现代社会的发展进程与文明进步的视角出发，社会保障的总目标是：通过保障和改善国民生活、增进国民福利来实现整个社会的和谐发展。围绕着总目标，社会保障在实践中需要实现的目标有：第一，帮助国民摆脱生存危机（最低追求目标）；第二，满足国民的生活保障需求，不断改善和增进国民的福利；第三，实现整个社会的和谐发展。

2. 社会保障制度的功能

社会保障制度的基本功能指社会保障制度在运行过程中所发挥出的实际效能和作用。本书从社会保障制度的经济性功能、社会性功能和政治性功能三个方面来分析社会保障制度的基本功能。

（1）经济性功能。经济发展是一国社会保障制度的财政基础，经济发展制约社会保障制度的发展，反之，社会保障通过营造稳定的社会环境促进经济发展。通过社会保障基金的运营直接促进某些产业的发展，促进劳动力资源的高效配置和生产效率的提高。社会保障可以调节社会总需求，平抑经济波动；社会保障基金的长期积累和投资运营有助于完善资本市场；社会保障确保劳动者在丧失经济收入或劳动能力的情况下，能维护自身及其家庭成员的基本生活，保证劳动力再生产进程不致受阻或中断。社会保障通过预先防范和即时化解风险来发挥其稳定功能，它在许多国家被称为"精巧的社会稳定器"。现代社会保障不仅承担着"救贫"和"防贫"的责任，而且还要为全体社会成员提供更广泛的津贴、基础设施和公共服务，有利于缩小社会贫富差距，增进社会整体福利，是社会主义国家实现共同富裕目标的一项重要手段，从而使人民尽可能地充分地享受经济和社会发展成果，不断提高物质生活和精神生活的质量。

（2）社会性功能。社会保障通过保障全体社会成员的基本生活，在一定程度上消除了社会发展过程中因意外伤害、失业、疾病等因素导致的机会不均等，使社会成员没有后顾之忧并参与市场的公平竞争；通过在全体社会成员之间的风险共担，实现国民收入的再分配，缩小贫富差距，减少社会分配结果的不公平。社会保障促进社会成员之间及其与整个社会的协调发展；促进遭受特殊事件的社会成员重新认识发展变化中的社会环境，适应社会生活的发展变化；促使社会成员的物质与精神生活水平的提高；促进政府有关社会政策的实施；促进社会文明的发展。

（3）政治性功能。社会保障是每个国家的执政党都必须承担的一项重要使命。当今世界所公认的政府职能中，社会保障就是其中重要的一项职能，各国政府在社会保障中发挥了主导作用。社会保障既是社会各种利益集团权力较量妥协的结果，同时也是调整不同利益集团、群体或社会阶层的必要手段，在不同的社会制度条件下表现出不同的政治职能。在资本主义社会，社会保障调节着不同社会阶层的政治冲突和促进政治秩序的长期稳定并维持其整体的正常运行。在社会主义社会，社会保障除具有巩固执政地位、提高执政水平、缓和社会矛盾等一般政治功能外，还特别促进了社会成员在国家和社会生活中的主人翁地位。

二、社会保障模式的类型

现代社会保障制度以19世纪80年代德国制定并实施有关的社会保险法为起始标志，经过100多年的发展，社会保障制度由单一项目的制度安排组建发展成为一个包含多个子系统及众多保障项目在内的社会安全体系。然而，由于社会制度、经济发展水平及文化传统的差异，各国建立的社会保障制度也不尽相同，从而形成了不同的社会保障模式。从各国社会保障制度的具体安排出发，根据筹资方式、保障范围及项目等主要因素的特点，可以分为四种类型：福利国家型模式、社会保险型模式、强制储蓄型模式和国家保险型模式。

（一）福利国家型模式

福利国家型模式是以全民性和普遍性的保障原则为核心，全体居民和公民不论其有无收入和是否就业，都可享有国家制定的各项福利保障政策。由于全民都享有受保障的权利，因此，这种模式下的社会保障资金来源于国家的税收。大部分的西欧和北欧国家均是福利国家。

英国贯彻"普遍性"原则，保障范围包括"从摇篮到坟墓"的各种生活需要，按统一标准交费、给付，保障基金主要由国家税收解决。瑞典更是有"福利之窗"的美称。

福利国家型模式的特点有：

第一，由社会救助、社会保险和其他保障构成的社会保障制度是福利国家的一项主要政策，国家依法实施，并设有专门的管理机构监督执行。

第二，保障范围是全民保障，强调福利的普遍性和人道主义、人权观念，服务对象为社会全体成员。

第三，福利开支基本上由企业和政府负担，个人不缴纳或低标准缴纳社会保险费；社会保险费筹集方式为现收现付式。

第四，保障内容是全面保障。一般包括生、老、病、死，即"从摇篮到坟墓"的一切福利保障。

第五，保障的目的已不完全是预防和消灭贫困，而在于维持社会成员一定标准的生活质量，加强个人安全感。

这种模式使国民生活质量普遍提高，经济和社会稳定，有利于国家进行收入分配，使居民收入均等化。但是，随着公共福利支出不断增长，国家负担越来越重，国家为了保证社会保障的运行，必然要增加税收，导致税负过重，市场效率低下。

（二）社会保险型模式

社会保险型模式也称俾斯麦型社会保障模式，是最早出现的社会保障模式，主要以德国、美国等为代表。这种模式以社会保险为核心，社会保障费用由雇员、雇主和国家三方负担，主要以雇员和雇主承担为主，社会保障的给付与雇员的收入和社会保险缴费相联系。这种模式以为劳动者建立各种社会保险制度为中心，并辅之以社会救助和社会福利措施，以此来构建满足社会成员需求的较完备的社会保障体系。与其他社会保障模式相比，社会保险型模式的重要特征表现为如下四个方面：

第一，建立政府、雇主和雇员之间责任共担机制，实现风险保障的互助共济。

第二，强调受保障者权利与义务相结合的原则，劳动者要享受社会保障的权利，就必须尽到缴费或劳动的义务。

第三，以解除雇员后顾之忧为其核心，社会保障的对象主要是雇员及其家属。

第四，实行社会公平与市场效率相协调的机制，在处理公平与效率的关系上，并不只是强调社会公平，在某个时候可能更重视市场效率。

社会保险型模式强调权利与义务相结合，通过国家和个人分担责任，充分体现互助互济原则的一种保障形式。但是，资金的筹集，社会保障支出的范围和水平的不断提高，所需的资金越来越庞大。

（三）强制储蓄型模式

强制储蓄型模式以强制储蓄为核心，政府强制雇主为雇员储蓄社会保障费用，以满足雇员个人各种社会保障项目的支付需要。该模式的代表国家是新加坡和智利等。

1955年，新加坡独创了中央公积金制度，标志着强制储蓄型模式的诞生。新加坡的中央公积金制度是通过国家立法，强制所有雇主、雇员依法按工资收入的一定比例向中央公积金局缴纳公积金，由中央公积金局加上每月应付的利息，一并记入每个公积金会员的账户，专户存储。会员所享受的待遇，只是在其账户的公积金额以内支付，公积金最初只是一种简单的养老储蓄制度，后来随着社会经济的发展和收入水平的提高，逐步发展成综合性的包括养老、住房、医疗在内的制度。会员除在达到退休年龄才能领取养老金之外，退休前还可以在特准范围内用于购买住房、支付医疗、教育费用等。

新加坡社会保障制度的特点主要有：

第一，强调自食其力、自力更生、自我保障，强调统一的个人储蓄而不是分散的个人储蓄。资金来源是职工工资收入的一部分，是按政府规定强制征收储蓄的。支取方面不存在随意性，强化了自我保护意识，避免了代际转嫁带来的社会问题和人口老龄化所引起的支付危机。

第二，资金的筹集全部由雇主和雇员按规定的一定比例支付。随着经济的发展，工资收入的增加，公积金的储款比例既能随经济增长不断提高，也能随经济波动做些适当的调整。

第三，公积金制度不具备再分配和互相调剂的功能。

第四，激励功能比较强。职工缴纳的公积金记入个人账户，透明度大，监督和约束机制强，养老金额与个人劳动贡献或劳动报酬挂钩。不具有社会再分配功能，更利于调动人的积极性。

第五，从单一功能发展到多功能，从而使公积金走向一种以自我保障为主，辅之以社会保险的综合性自我保障体系。

第六，公积金的使用和管理规定有严格的法律程序。

继新加坡之后，智利在新加坡模式的基础上结合自身国情，又创立了智利模式，取得了很大的成功，这种模式被许多南美国家纷纷效仿。智利模式同样采用个人账户完全积累式，与新加坡模式的区别在于：雇主不缴费而只是由雇员个人缴费；由私人机构管理养老基金的运营；个人账户上的强制性储蓄只能用于养老，而不能像新加坡那样可以用于医疗保健与住房开支等，因此事实上还有着其他社会保障措施的配套。

（四）国家保险型模式

国家保险型模式又称国家统包型社会保障制度，以"国家统包"为核心，由政府对福利进行直接分配，社会保障事务由国家统一办理，社会保障费由国家和企业负担，职工个人不必缴纳社会保障费用。它主要是根据马克思的社会总产品要在个人分配之前扣除社会保障费用的理论确立的模式。国家保险型模式是由一些社会主义国家创造的社会保障模式，它始于苏联，并被其他社会主义国家所仿效。

这种模式的基本特点是社会保障事务完全由国家（或通过国有企业等）包办，个人不缴纳任何保险费，在保障目标上是以追求社会公平为主，在保障范围上主要以城市居民为对象，有些国家也包含乡村居民。具体做法是：

第一，通过国家宪法将社会保障确定为国家制度，公民所享有的保障权利是由生产资料公有制保证的，并通过社会经济政策的实施取得。

第二，社会保障支出由政府和企业承担，其资金来源由全社会的公共资金无偿提供，由于国家已事先做了社会保障费的预留和扣除，个人不再另缴保障费。

第三，保障的对象是全体公民，宪法规定，每一个有劳动能力的人都必须积极参加社会劳动，对无劳动能力的一切社会成员提供物质保障。

第四，工会参与社会保障事业的决策和管理。

国家保险型模式的宗旨是最充分地满足无劳动能力者的需要，保护劳动者的健康并维持其工作能力。但是，这种模式过分强调公平，使国家财政负担过重，而且企业办社会，使企业负担也过重，企业竞争力下降，劳动力缺乏合理流动，职工个人也缺乏自我保障意识。国家保险制度作为社会主义国家普遍采取过的保障模式，曾经造福于亿万人民，但因这种保险超越了现阶段的承受力，经过半个多世纪的实践，逐渐随着苏联的解体与东欧国家的剧变而被摒弃。即使是仍然坚持社会主义的中国，也从20世纪80年代开始改革这套制度，并代之以能够适应市场经济体制的社会化社会保障制度。因此，国家保险型模式作为一场现代社会保障制度的伟大实践，正在成为历史，或者正经历着深刻的改革。

（五）社会保障模式的共同点

综观世界各国的社会保障制度的发展，由于其历史文化背景不同，社会经济发展情况各异，每一个国家的社会保障制度取向、制度设计、项目多少、待遇标准和实施办法等都存在差异。然而，由于社会保障的性质及特点，特别是社会保障共同规律的作用所决定，不同国家的社会保障模式又具有类似的地方。

第一，任何模式的社会保障制度的产生都与社会经济发展相适应。任何模式的社会保障都需要有经济基础。高水平的社会保障都是建立在经济发达、整体物质生活水平较高的国家和地区。当然，过分追求社会保障的规模和水平，造成社会保障水平与社会经济发展的承受力脱离，也会引发社会问题。因此，各国在选择社会保障模式时，都是依据所处的社会、经济发展水平做出的决定。

第二，各种模式下的社会保障项目大致相同。现代社会中，人们面临的除了天灾人祸导致的生存风险以外，还会面临因为丧失劳动能力而导致生活水平下降的风险。因此，提供的保障项目大致相同，具体包括疾病、养老、工伤、生育、失业、残疾、遗属七个方面。在发展趋势上，各种模式的社会保障范围都在不断扩大，待遇水平也在不断提高。

第三，任何模式的社会保障都具有刚性。一方面，社会保障项目具有刚性。社会成员对社会保障的需求不断上升，这时的社会保障，无论在内容上还是在待遇水平上都不得不迎合这种增长的需求。在一定的社会保障水平下，人们仍然会面临新的风险，对社会保障会有新的要求。而一种保障项目一旦确定，便不能随意撤销，这使得社会保障项目具有刚性。特别是近现代，社会保障作为一种制度的安排，一旦生成，难以撤销。另一方面，社会保障的待遇水平与覆盖范围也是有刚性的。因为人类社会的发展不允许倒退，社会成员不会允许政府将自己从已经进入的社会保障网中剔出，也不能容忍社会保障水平待遇下降。

第四，社会保障模式呈多样化发展趋势。从社会保障项目来看，一些国家只有简单的社会救助及民间福利项目；一些国家不仅设立养老、医疗、生育、工伤、失业等方面的保障项目，还将住宅、教育等纳入本国的社会保障体系内。各国根据自身的经济实力和社会发展的要求，选择不同的社会保障模式，使社会保障模式呈现多样化特征。从社会保障管理体制来看，有的国家由一个政府部门统一管理全国社会保障事务，有的国家则由多个部门分管社会保障事务，一些国家的私营机构也参与到社会保障事务的管理中来。从社会保障筹资渠道来看，社会保障筹资模式经历了由单纯的政府拨款到政府、企业、个人缴费，再到现在的多渠道筹资几个阶段。目前，除了政府拨款、雇主与雇员缴费外，社会保障的筹资渠道还有慈善机构和个人的捐款、福利彩票的收入、基金投资收益等多个方面。

总之，各种社会保障模式的项目首先产生于特殊行业或特殊的时期，以后再不断扩大到其他领域。社会保障的目的都是为遭遇社会风险的社会成员提供基本的生活保障，以促进社会安定和经济发展。尽管不同国家的基本生活保障标准不同，但制度安排的根本目的是一致的。各种社会保障模式都是通过立法或行政手段强制实施的。

第二节　劳动关系与社会保障的关系

一、在理论上的关系

（一）社会保障状况反映劳动关系

国际劳工组织给"社会保障"一词下的定义是，"社会通过一系列公共设施，为其成员提供保护，以防止因疾病、产期、工伤、失业、年老和死亡致使停止或大量减少收入造成经济和社会困难，提供医疗和为有子女的家庭提供补助金"。

社会保障是由一系列保障项目构成的一个体系。社会保障体系是指社会保障各个有机构成部分的相互联系、相辅相成的总体。社会保障体系一般包括社会保险、社会救济、社会福利及优抚安置等保障制度。其中，社会保险是社会保障制度中最基本和核心的制度。

作为社会保障主体和核心的社会保险制度，其内涵是：以国家为主体，通过立法手段，设立保险基金，当劳动者在年老、患病、生育、伤残、死亡等暂时或永久丧失劳动能力，以及由于失业中断劳动而失去收入来源时，由社会给予物质帮助和补偿的一种社会保障制度。可以看出，社会保险的保障对象是劳动者。这一含义明确了社会保险的属性，界定了社会保险的范围。社会保险的目的在于保障当劳动者遭受劳动风险，即在劳动者暂时或永久丧失劳动能力以及失业丧失生活的来源时，从社会得到基本生活的物质帮助和补偿。

社会保障（特别是社会保险）包含：①获取社会保障是劳动者的一项基本权利；②缴纳社会保障费用是雇主或用人单位的一项基本义务；③社会保障水平的高低直接影响劳动者的工作与生活质量；④社会保障制度涉及劳动者、用人单位和国家政府三方主体，涉及三方之间的收入再分配，是劳动关系三方机制的重要组成部分。因此，一个单位的职工社会保障状况在一定程度上反映了该单位的劳动关系状况，一个国家的社会保障状况在一定程度上反映了该国的劳动关系状况。

（二）社会保障业务管理是劳动关系管理的重要组成部分

社会保障业务管理是对社会保障管理的具体执行，即在社会范围内统筹、调剂社会保障基金，对社会保障对象给予一定的物质帮助，提供一系列必要服务的过程。社会保障的具体业务应由社会各方的代表建立起的社会保障业务管理机构和社会服务机构负责实施。社会保障的经办机构属于非营利的事业单位，具体办理社会保障基金的收支和管理服务等。

我国社会保障经办机构是1988年以来建立的，名称统一为社会保险事业管理局或社会保险基金管理中心。社会保障经办机构的主要业务包括：①社会保险登记；②社会保险档案管理；③社会保险申报；④社会保险缴费；⑤社会保险基金管理（社会保险费分账管理，收支两条线管理，个人账户基金管理，监督审计、统计、报表等）；⑥社会保险监督、检查，报告劳动和社会保障部门进行行政处罚；⑦社会保险经办机构人事、财务、教育等管理。

社会保障业务管理通常要经过六个环节，具体是指：缴税（费）核定、税（费）征集、缴税（费）记录处理、待遇审核、待遇支付、基金会计核算与财务管理。

二、劳动关系主体与社会保障的关系

（一）劳动关系主体与社会保障主体具有一致性

我们知道，劳动关系的主体由三方构成：劳动者及其组织——工会、雇主（用人单位）及其组织、政府。社会保障制度也涉及这三方主体；由国家立法予以保障，政府兜底，雇主、劳动者和政府共同出资维持其制度运行。遇到问题，也由这三方协商予以解决。因此可以说，劳动关系主体与社会保障主体具有一致性。

（二）劳动关系主体行为决定社会保障状况

社会保障（尤其是社会保险）状况，如覆盖面、保障水平、享受保障的条件等，是由劳动关系三方主体的行为决定的。

1. 政府行为决定社会保障制度基本框架

政府通过推动立法和社会管理，确立社会保障制度的基本框架，如决定实行单位保障还是社会保障，选择社会保障的基本模式（参见第五章），确定社会保障的受益资格并由此决定其覆盖面，确定社会保障基本水平，确定争议处理机制，等等。

2. 雇主行为影响社会保障制度的执行状况

社会保障制度的具体运行，需要用人单位（雇主）的积极配合与参与。因为保障对象——劳动者总是从属于某个用人单位的，社会保障费用也只能从生产性单位中来。所以，用人单位是否积极为职工办理社会保障业务，是否按时足额缴纳社会保障税费，直接关系到职工的社会保障水平，关系到整个社会保障制度能否顺利运行。此外，在法律规定的基本保障项目之外，用人单位还可为职工办理补充保险，如企业年金。补充保险水平的高低，也直接影响职工的保障状况。

3. 劳动者行为影响社会保障水平

劳动者是社会保障制度的直接受益者，必然十分关注社会保障状况，并力争取得更高的保障水平。劳动者影响社会保障水平的途径主要有：①通过民意表达影响社会保障立法；②在三方协商机制中，争取更高、更完备的社会保障权利；③当用人单位违反社会保障相关法律法规时，通过工会组织，走协商→仲裁→诉讼的途径维护自己的正当权益；④通过集体行动（如罢工）向用人单位施压，争取社会保障权益。因此，劳动者行为将影响社会保障水平。

第三节 劳动合同与用工管理

一、劳动合同概述

劳动合同是劳动者与用工单位之间确立劳动关系，明确双方权利和义务的协议。劳动合同按合同的内容分为劳动合同制范围以内的劳动合同和劳动合同制范围以外的劳动合同，按合同的形式分为要式劳动合同和非要式劳动合同。

《劳动合同法》第17条规定，劳动合同应当具备以下条款：①用人单位的名称、住所和法定代表人或者主要负责人；②劳动者的姓名、住址和居民身份证或者其他有效身份证件号码；③劳动合同期限；④工作内容和工作地点；⑤工作时间和休息休假；⑥劳动报酬；⑦社会保险；⑧劳动保护、劳动条件和职业危害防护；⑨法律、法规规定应当纳入劳动合同的其他事项。劳动合同除前款规定的必备条款外，用人单位与劳动者可以约定试用期、培训、保守秘密、补充保险和福利待遇等其他事项。

劳动合同具有以下特征：①劳动合同主体具有特定性；②劳动合同内容具有劳动权利和义务的统一性和对应性；③劳动客体具有单一性，即劳动行为；④劳动合同具有诺成、有偿、双务合同的特性；⑤劳动合同往往涉及第三人的物质利益关系。

劳动合同的作用主要有：①它是劳动者实现劳动权的重要保障；②它是用人单位合理使用劳动力、巩固劳动纪律、提高劳动生产率的重要手段；③它是减少和防止发生劳动争议的重要措施；④它是建立规范有效劳动关系的重要载体。

劳动合同的期限一般有三种，分别是：①有固定期限的劳动合同。它是指订立劳动合同时约定了一定的期限，期限届满，劳动法律关系即行终止。这种合同适用范围广，应变能力强，可以根据生产需要和工作岗位的不同要求来确定合同期限。②无固定期限的劳动合同。这种合同一般适用于从事技术性较强、需要持续进行工作的岗位。订立这种合同的职工一般可以长期在一个单位或部门从事生产（工作），但无固定期限的劳动合同不等于一成不变，如果出现符合法律、法规或者双方约定的条件，也可变更、解除或终止劳动合同。③以完成一定工作为期限的劳动合同。它是指劳动合同当事人双方把完成某项工作的时间约定为合同终止而达成的协议。它与固定期限劳动合同的区别是约定合同终止条件，而不是约定确定的期限。

二、加强劳动用工合同管理，依法保障员工权益

（一）集体合同制度的完善

集体谈判和集体合同制度是调整劳动关系的重要劳动法律制度，其法律规范涉及集体谈判的主体、内容、程序，集体合同的签订，集体合同报送审核、履行实施、监督检查，违反合同的法律责任、争议处理等。

1. 完善法律制度

第一，完善《工会法》，增强工会组织的代表性和社会影响力。首先，我国《工会法》应当赋予工会非行政的、群众性的、独立的社团组织的法律地位，以增强其代表性。为此，《工会法》应从立法上加强对工会代表身份的限制，即在公有制企业中，工会一方的首席代表，不得由企业行政副职兼任的人员担任，以防其受利益驱动的影响；在非公有制企业中，企业方的代表也不应成为工会会员，因为身份的混同容易导致角色的错位。同时，政府应当从工会中退出来，扮演"游戏规则"的制定者和裁判员的角色，超然于劳资双方的博弈之外，起着协调、监督、仲裁的作用。其次，鉴于目前我国就业形式的多样性与《工会法》规范的单一性的特点，工会组织应采取措施以壮大自己的队伍和扩大其社会影响力。

第二，应尽快制定一部统一的《集体合同法》，对集体协商的主体、范畴、程序、职责、效力、法律责任等一系列问题加以具体、统一规范。为了保障劳资双方协商谈判的主体适位和有效运行，国家层面的集体合同立法应当对各种所有制和不同形式与形态的企业做出统一的和基本的规制，同时在协商范围上应逐步把就业、收入分配、社会保障和企业社会责任等一系列有关保障劳动者权益问题作为重要组成部分纳入其调整范围。另外，为了确保集体合同的实效性，国家应健全配套相关的劳动法律法规，逐步形成一个从"事前磋商协调"到"事中的集体谈判"和"事后的纠纷解决"的完整的法律体系。

2. 加强行业谈判

在建设中国集体谈判的长效运作机制过程中，除了要对集体谈判制度本身进行规范外，还应着力推动集体谈判由企业谈判向行业谈判转变。

（1）规范程序

集体谈判的先决条件。集体谈判是一项政策性、业务性、针对性、技巧性很强的具体工作，涉及不少政策问题和业务知识。谈判双方代表地位的确认、代表的产生、内容的确定、文本的拟定、合同履行的监督等环节都要求相关人员具有劳动法律、经济等专业知识和谈判技巧及经验和技能。

目前，在我国集体谈判的实践当中，由于工会协商代表缺乏谈判的专业知识和技能，并不能完全做到真正意义上双方力量对等的谈判。很多时候，集体合同未经协商就一签了之，很容易流于形式，重签订合同、轻集体谈判的现象普遍存在。而且，不少企业只是把签订集体合同当作政府部门和工会组织布置的任务来被动应付完成。所以，即使在不少开展了集体谈判的企业中，集体谈判也没有针对企业特点和实际情况进行认真细致的协商讨论。

因此，要使集体谈判真正发挥作用，关键举措是严格履行谈判程序，充分表达职工的意愿要求，使谈判内容得到双方的一致认可。

（2）工资待遇

集体谈判所包含的内容很多，包括工资、工作时间、保险福利、休息休假、劳动安全卫生、职业培训等劳动标准，在这些内容中，由于工资是职工生活的主要收入来源，是劳动者最关心的切身利益，对雇主的利润也影响至深，因而工资集体谈判是集体谈判的核心内容。

改革开放40多年来，我国经济发展取得了举世瞩目的成就，但与经济发展成就不相适应的是，劳动报酬在初次分配中的比重越来越低，居民劳动报酬占GDP的比重逐年下降。

尽管党和政府一直非常重视工资分配问题，出台了一系列保障职工最低工资和工资正常增长的指导性文件，但是，这些文件往往只起到倡导作用，最低工资标准只对保障一部分低收入职工起到保护作用，而且不少企业把大多数劳动者的工资定在略微高于最低工资标准的位置，以规避违法的风险。改善这部分职工的工资状况，提高普通劳动者的收入，唯一途径就是进行工资集体谈判，建立起工资共决机制。只有这样，普通劳动者才有与雇主博弈的可能，而不是只能靠雇主恩赐来涨工资。

（3）行业谈判

集体谈判的关键举措。集体谈判在中国开展已有十几年，但是其进程还不能令人满意。国际通行的做法是，由企业谈判、行业谈判和国家级谈判等组成多层次、立体式集体谈判体系，来全面发挥集体谈判制度的作用。但我国目前还是以单一的企业级集体谈判为主，而且，由于目前的体制制约，企业集体谈判不可避免地存在一些弊端。

随着经济结构调整，非公有制企业数量迅猛增长，非公中小企业占据了我国企业的绝大多数。由于这些企业大多是劳动密集型，技术和知识含量相对较低、企业规模较小、职工流动性大、企业工会组织不健全、工会干部多为兼职，靠单个企业工会通过集体谈判来解决职工利益问题难以奏效，职工的合法权益难以得到充分保障。因此，实践证明，单一的企业集体谈判虽然发挥了一定作用，但却面临很大困难。

从各国经验来看，由行业工会代表职工与行业协会进行集体谈判，能够避免企业工会和企业管理层的直接对抗，避免管理层对工会和集体谈判的控制。行业工会代表职工进行集体谈判，也有利于全面准确地收集和掌握谈判信息资料，集中谈判专家的优势和力量，提高劳动者一方的整体谈判力量，充分行使集体谈判权。

（4）培育主体

集体谈判的破题之需。行业谈判虽然能够很好地解决谈判双方主体地位不平等的问题，但目前面临的最大难题，就是要进一步明确和培育谈判主体。

行业谈判的主体包括政府劳动部门、行业性工会组织和行业性雇主组织。我国现行的工会组织体制，还是以省级、市级、县级等地方工会为主，产业工会、行业工会的组织体系相对不健全，城市以下的大多数地方还没有建立起行业性、产业性的工会组织，行业集体谈判因缺少行业工会组织而无法进行。即使建立了行业工会组织，由于工作基础薄弱、一些工会干部综合素质不高，发挥作用也有限。

另外，在雇主组织代表方面，由于历史原因，中国存在如企业联合会、工商联、个私协（个体私营者协会）等多元化雇主代表组织，因而每一个企业代表团体都不能涵盖所有类型的企业，缺乏足够的代表性。由于中国企联是国际劳工组织唯一承认的中国雇主方代表组织，而实际生活中，企联在其代表性和会员数量方面都较弱，在一些城市和许多区县一级并没有相应的分支机构，因而在开展行业性集体谈判时，企业方主体缺位显得尤为突出。

实践表明，要培育集体谈判主体，使其真正发挥集体谈判的作用，基本前提是培育有广泛代表性的工会组织和雇主组织，并对政府在集体谈判中的角色进行准确定位。

在我国的劳动关系双方主体尚未发育成熟的情况下，对于政府部门而言，保障劳动者集体谈判的权利、制定基本的劳动标准和集体谈判程序规则、监督集体合同的实施，并通过三方机制预防和解决集体谈判遇到的矛盾和问题，具有客观必要性。

对于工会组织而言，则要在中小型非公有制企业比较集中的乡镇、街道、工业园区，加大行业性工会联合会组建力度，探索在县区一级建立行业工会，建立健全行业工会工作制度和运行机制，加大对资金、编制支持力度和对工会干部的培训力度，使工会干部能够熟练掌握工资分配和市场经济、法律、企业管理等多种知识，在行业集体谈判中做到敢谈善谈，增强行业工会的维权职能，以逐步适应市场经济下做好参与协调劳动关系工作的要求。

对于企业代表组织而言，最重要的是要在县区、乡镇、街道、工业园区等行业特征明显的地区积极培育具有长期稳定性和广泛代表性的行业性雇主组织，推进行业性雇主组织的制度建设和规范运作，使管理和决策民主化，以利于在行业层面有效开展集体谈判并对协议执行进行监督约束。

（二）三方协商机制的完善

我国三方协商机制所存在的问题根植于我国独特的政治经济环境。要想从根本上解决这些问题，就需要对劳动制度进行全面改革，要对一些劳动法律法规进行修订。这不是短时间内能够完成的。然而，即便是在不改变现行的法律和政治框架的前提下，我国的三方协商机制也可以借鉴国外的经验教训进行某些改革。

首先，适当调整三方会议办公室的设置单位，可以考虑将其放到具有综合行政职责的部门。因为劳动问题的解决可能涉及的不仅仅是劳动行政部门，还可能涉及财政、教育等多个部门。目前，该办公室全部为兼职人员，应当参照其他国家的经验拨付专门的经费，设立独立的人员编制。这样，也可以将三方协商的主题适当放宽到就业、工资等劳动问题上。

其次，对于政府在三方协商机制中主导性过强的问题，可以参照日本和韩国的经验，让律师或者学者充当公众利益的代表，与劳方和资方的代表进行讨论和研究，为政府的决策提供咨询意见；也可以参照欧洲某些国家的做法，强化三方协商机制的研究能力。在开会讨论某些问题之前，应组织专家学者进行调查研究，为三方的协商提供准确的事实和材料。

再次，适度强化高层面的三方协商功能，没有必要要求在各个层面都建立三方协商机制。我国幅员辽阔，地区差异较大，应当允许各地进行尝试，不必要求所有地方都遵循同一模式。

最后，在国家层面上，参加三方会议的人员没有必要事先做出明确的规定，应该根据所讨论的议题由各方自行确定参加会议的具体人员。如果各方能就有权参加投票的人数达成一致，对各方参会人员的数量限制就没有必要遵循对等的原则。

三、劳动合同的依法解除

劳动合同的解除，是指当事人双方提前终止劳动合同的法律效力，解除双方的权利义务关系。劳动合同的变更，是指当事人双方对依法成立、尚未履行的劳动合同条款所做的修改或增减。劳动合同的解除通常有以下途径：

（一）协商与约定解除

协商解除是指劳动合同履行过程中，当事人经协商一致同意解除合同。《劳动法》第24条规定："经劳动合同当事人协商一致，劳动合同可以解除。"协商解除与约定解除、法定解除不同，它不需要双方事先的约定或者法律的规定，只要双方愿意随时都可以解除合同，这也是实践中常用的解除劳动合同方法。协商解除劳动合同没有规定实体、程序上的限定条件，只要双方达成一致，内容、形式、程序不违反法律禁止性、强制性规定即可。若是用人单位提出解除劳动合同的，用人单位应向劳动者支付解除劳动合同的经济补偿金。劳动者在协商解除时应当注意：必须将双方协商解除合同的权利、责任明确，最好以书面的形式固定下来，避免解除劳动合同后的一些纠纷。解除劳动合同应当签订协议，双方各执一份。

约定解除是指在合同中约定解除合同的事项，待约定的事由出现时，当事人有权解除合同。在发生了劳动合同约定的解除合同的条件以后，享有解除权一方的劳动者做出解除合同的意思表示后，劳动合同的权利义务即告终止，无须获得用人单位同意。劳动者行使约定解除权时应当注意：必须事先在劳动合同中约定解除合同的条件，并且只有当解除合同的条件成就以后，劳动者才能依照约定解除。劳动合同到期以后，单位既没有通知职工履行终止劳动合同的手续，也没有与其续签合同，形成劳动关系事实上的延续，若此时用人单位再解聘职工或职工主动辞职，应认定为劳动关系的解除。

（二）劳动者单方解除劳动合同

劳动者单方解除劳动合同即具备法律规定的条件时，劳动者享有单方解除权，无须双方协商达成一致意见，也无须征得用人单位的同意，具体又可以分为预告解除和即时解除。

预告解除即劳动者履行预告程序后单方解除劳动合同，适用于两种情形：一是劳动者提前30日以书面形式通知用人单位，可以解除劳动合同；二是劳动者在试用期内提前3日通知用人单位，可以解除劳动合同。

即时解除即《劳动合同法》第38条规定的情形。对于第一款规定的几种情形劳动者可以单方解除合同。值得注意的是：用人单位以暴力、威胁或者非法限制人身自由的手段强迫劳动者劳动的，或者用人单位违章指挥、强令冒险作业危及劳动者人身安全的，劳动者可以立即解除劳动合同，无须事先告知用人单位。这种属于即时解除中可以立即解除且不用事先告知用人单位的情形。对于劳动者可及时解除劳动合同的上述情形，劳动者无须支付违约金，用人单位应当支付经济补偿。

（三）用人单位单方解除劳动合同

具备法律规定的条件时，用人单位享有单方解除权，无须双方协商达成一致意见，主要包括过错性辞退、非过错性辞退、经济性裁员三种情形。

1.过错性辞退

过错性辞退即在劳动者有过错性情形时，用人单位有权单方解除劳动合同。过错性解除劳动合同在程序上没有严格限制，用人单位无须支付劳动者解除劳动合同的经济补偿金。若规定了符合法律规定的违约金条款的，劳动者须支付违约金。

过错性辞退适用于以下情形：在试用期间被证明不符合录用条件的；严重违反用人单位的规章制度的；严重失职、营私舞弊，给用人单位造成重大损害的；劳动者同时与其他用人单位建立劳动关系，对完成本单位的工作任务造成严重影响，或者经用人单位提出，拒不改正的；因劳动者以欺诈、胁迫的手段或者乘人之危，使对方在违背真实意思的情况下订立或者变更劳动合同致使劳动合同无效的；被依法追究刑事责任的。

2. 非过错性辞退

非过错性辞退即劳动者本人无过错，但由于主客观原因致使劳动合同无法履行，用人单位在符合法律规定的情形下，履行法律规定的程序后有权单方解除劳动合同。

非过错性解除劳动合同在程序上具有严格的限制，具体是指：用人单位应提前30日以书面形式通知劳动者本人或者额外支付劳动者1个月工资后，才可以解除劳动合同；用人单位选择额外支付劳动者1个月工资解除劳动合同的，其额外支付的工资应当按照该劳动者上1个月的工资标准确定。用人单位应当支付劳动者经济补偿。

非过错性解除劳动合同适用类型：劳动者患病或者非因工负伤，在规定的医疗期满后不能从事原工作，也不能从事由用人单位另行安排的工作的；劳动者不能胜任工作，经过培训或者调整工作岗位，仍不能胜任工作的；劳动合同订立时所依据的客观情况发生重大变化，致使劳动合同无法履行，经用人单位与劳动者协商，未能就变更劳动合同内容达成协议的（注意以上每个条件之间的先后顺序关系）。

3. 经济性裁员

经济性裁员，是指用人单位为降低劳动成本，改善经营管理，因经济或技术等原因一次裁减20人以上或者不足20人以上但占企业职工总数10%以上的劳动者。

经济性裁员具有严格的条件和程序限制，用人单位裁员时必须遵守规定。经济性裁员，用人单位应当支付劳动者经济补偿金。

经济性裁员适用情形：依照企业破产法规定进行重整的；生产经营发生严重困难的；企业转产、重大技术革新或者经营方式调整，经变更劳动合同后，仍须裁减人员的；其他因劳动合同订立时所依据的客观经济情况发生重大变化，致使劳动合同无法履行的。

裁员时应优先留用的人员：与本单位订立较长期限的固定期限劳动合同的；与本单位订立无固定期限劳动合同的；家庭无其他就业人员，有需要扶养的老人或者未成年人的。

裁员后重新招录的限制：用人单位依法裁减人员时，在6个月内重新招用人员的，应当通知被裁减的人员，并在同等条件下优先招用被裁减的人员。

经济性裁员的例外，即用人单位有以下情形之一的，不得依据《劳动合同法》第40条非过错性辞退和第41条经济性裁员的规定单方解除劳动合同：从事接触职业病危害作业的劳动者未进行离岗前职业健康检查，或者疑似职业病病人在诊断或者医学观察期间的；在本单位患职业病或者因工负伤并被确认丧失或者部分丧失劳动能力的；患病或者非因工负伤，在规定的医疗期内的；女职工在孕期、产期、哺乳期的；在本单位连续工作满15年，且距法定退休年龄不足5年的；法律、行政法规规定的其他情形。

（四）不得解除

劳动者有下列情形之一的，用人单位不得依据《中华人民共和国劳动合同法实施条例》（简称《劳动合同法实施条例》）第25条、第30条、第31条第2款的规定解除劳动合同或者终止劳动关系：患职业病或者因工负伤并被确认丧失或者部分丧失劳动能力的；患病或者负伤，在国家规定的医疗期内的；女职工在孕期、产期、哺乳期内的。

劳动合同期满或者当事人约定的劳动合同终止条件出现，劳动者有下列情形之一，同时不属于《劳动合同法实施条例》第29条第2、第3、第4项规定的，劳动合同期限顺延至下列情形消失：患病或者负伤，在国家规定的医疗期内的；女职工在孕期、产期、哺乳期内的；法律、法规规定的其他情形。

关于妇女特殊时期劳动合同的问题。妇女在孕期、产期、哺乳期，用人单位不得单方解除或者终止其劳动合同，应当将劳动合同期限延长至孕期、产期、哺乳期期满。如果该女工有《劳动法》第24条、第25条的情形，用人单位可以解除其劳动合同。

（五）支付经济补偿金

经济补偿金的支付方式有如下七种：

第一，经劳动合同当事人协商一致，由用人单位解除劳动合同的，用人单位应根据劳动者在本单位工作年限，每满1年发给相当于1个月工资的经济补偿金，最多不超过12个月。

第二，劳动者患病或者非因工负伤，经劳动鉴定委员会确认不能从事原工作，也不能从事用人单位另行安排的工作而解除劳动合同的（患职业病或者因工负伤并被确认丧失或者部分丧失劳动能力的除外），用人单位应按其在本单位的工作年限，每满1年发给相当于1个月工资的经济补偿金，同时还应发给不低于6个月工资的医疗补助费，患重病和绝症的还应增加医疗补助费，患重病的增加部分不低于医疗补助费的50%，患绝症的增加部分不低于医疗补助费的100%。

第三，劳动者不能胜任工作，经过培训或者调整工作岗位仍不能胜任工作，由用人单位解除劳动合同的，用人单位应按其在本单位的工作年限，工作时间每满1年发给相当于

1个月工资的经济补偿金。

第四，对所依据的客观情况发生重大变化，致使原劳动合同无法履行，经当事人协商不能就变更劳动合同达成协议，由用人单位解除劳动合同的，用人单位按劳动者在本单位的工作年限，工作时间每满1年发给相当于1个月工资的经济补偿金。

第五，用人单位濒临破产进行法定整顿期间或者生产经营状况发生严重困难，必须裁减人员的，用人单位按被裁减人员在本单位工作的年限支付经济补偿金。在本单位工作的时间每满1年，发给相当于1个月工资的经济补偿金。

第六，对劳动者的经济补偿金，由用人单位一次性发给。用人单位解除劳动合同后，未按规定给予劳动者经济补偿的，除全额发给经济补偿金外，还须按该经济补偿金数额的50%支付额外经济补偿金。

第七，经济补偿金的工资计算标准是指企业正常生产情况下劳动者解除劳动合同前12个月的月平均工资。

用人单位依据第二、四、五条解除劳动合同时，劳动者的月平均工资低于企业月平均工资的，按企业月平均工资的标准支付。

用人单位依据一、二、三、四、五条解除劳动合同支付经济补偿金时，经济补偿按劳动者在本单位工作的年限，每满1年支付1个月工资的标准向劳动者支付。6个月以上不满1年的，按1年计算；不满6个月的，向劳动者支付半个月工资的经济补偿。

（六）办理解除劳动合同的手续

办理解除劳动合同的手续是劳资双方解除劳动关系时最后一道程序，也是劳资双方易发生争议的一步，因此为预防争议的发生，在劳动合同解除或终止时要依法办理以下手续：

1. 办理工作交接

用人单位应要求解除或终止劳动合同的劳动者做好以下两个方面的交接：

（1）解除或终止劳动合同的员工直接向接替人员介绍本岗位的职责、工作范围、工作方法和业务流程，交清本岗位上各种设备、设施情况。

（2）向接替人员交接尚未完成的工作。《劳动合同法》第50条第2款的规定，劳动者应当按照双方约定，办理工作交接。用人单位依照本法有关规定应当向劳动者支付经济补偿的，在办结工作交接时支付。

2. 公司物品归还、清理文件和清偿债务

员工在工作期间，因工作原因保管或企业配备给员工使用的企业办公用品、其他财物

和企业的全部文件资料进行清理，应在解除劳动关系时交还给企业，企业指定专人接收，并办理接收手续。另外员工离职时拖欠企业的借款及应赔偿企业的损失或应交纳的罚款等，应在办理劳动关系解除、终止时清偿完毕。

3. 退还员工有关证件

如企业保管了员工的有关证件、证书等应在解除劳动关系时退还员工，如企业不退还，给员工造成损失的，应赔偿劳动者。《劳动合同法》第84条规定，劳动者依法解除或终止劳动合同，用人单位扣押劳动者档案或其他物品的，由劳动行政部门责令限期退还劳动者本人，并按每人500元以上2000元以下标准处以罚款；给劳动者造成损害的，用人单位应承担赔偿责任。

4. 薪资结算

劳动合同解除、终止时，企业应该与员工结清工资。《工资支付暂行规定》第9条，劳动关系双方依法解除或终止劳动合同时，用人单位应在解除或终止劳动合同时一次付清劳动者工资。

5. 出具劳动合同解除、终止证明

《劳动合同法》第50条第1款、第3款对用人单位如何办理手续做出了明确规定，用人单位应当在解除或者终止劳动合同时出具解除或者终止劳动合同的证明，并直接送达职工本人。因此，劳动合同终止或者解除后，用人单位应当为劳动者及时转出人事档案、办理社会保险关系转移手续、向劳动者出具解除或终止劳动合同的证明，这是用人单位在劳动合同终止或者解除后应该履行的义务。用人单位对劳动者出具双方劳动合同已经解除或终止的证明，一方面使劳动者易于获得工作，以谋生计；另一方面使第三人（未来的雇主）决定是否雇用时，可以获得劳动者的相关信息资料。

第四节　劳动争议的预防与处理

一、劳动争议概述

劳动争议亦称劳动纠纷，是指劳动关系双方当事人之间因劳动权利和劳动义务的认定与实现所发生的纠纷。劳动争议实质上是劳动关系当事人之间利益矛盾、利益冲突的表现。

（一）劳动争议的特征

劳动争议与其他社会关系纠纷相比，具有下述特征：

第一，劳动争议的当事人是特定的。劳动争议的当事人就是劳动关系的当事人，即一方为企业，另一方为劳动者或其团体，并且只有存在劳动关系的企业和劳动者或其团体才有可能成为劳动争议的当事人，而其他纠纷的当事人则不具有这个特点。

第二，劳动争议的内容是特定的。劳动争议的标的是劳动权利和劳动义务。劳动权利和劳动义务是依据劳动法律、法规，劳动合同、集体合同等确定的。因此，劳动争议在一定意义上说是因实施劳动法而产生的争议，如就业、工资、工时、劳动条件、保险福利、培训、奖惩等各个方面，内容相当广泛。凡是以劳动权利义务之外的权利义务为标的的争议都不属于劳动争议。

第三，劳动争议有特定的表现形式。一般的社会关系纠纷表现为争议主体劳动关系管理之间的利益冲突，其影响范围通常局限在争议主体之间，而重大的集体劳动争议、团体劳动争议除可表现为一般劳动关系纠纷的形式，有时还会以消极怠工、罢工、示威、请愿等形式出现，涉及面广、影响范围大，甚至超越事发地区，有的甚至造成国际性影响。

（二）劳动争议的分类

按照不同的标准，可将劳动争议做如下的分类：

1. 按照劳动争议的主体划分

（1）个别争议。职工一方当事人人数为2人以下，有共同争议理由的。

（2）集体争议。职工一方当事人人数为3人以上，有共同争议理由的。

（3）团体争议。工会与用人单位因签订或履行集体合同发生的争议。

2. 按照劳动争议的性质划分

（1）权利争议。权利争议，又称既定权利争议，指劳动关系当事人基于劳动法律、法规的规定，或集体合同、劳动合同约定的权利与义务所发生的争议。在当事人权利义务既定的情况下，只要当事人双方都按照法律或合同的规定或约定行使权利、履行义务，一般不会发生争议；若当事人不按照规定行为，侵犯另一方既定权利，或者当事人对如何行使权利义务理解上存在分歧，争议就会发生。

（2）利益争议。利益争议是指当事人因主张有待确定的权利和义务所发生的争议。在劳动关系当事人的权利义务尚未确定的情况下，双方对权利义务有不同的主张，即当事人的利益未来如何分配而发生的争议。显然，只有在存在劳动关系的情况下，才会发生此类争议。它通常表现为签订、变更集体合同所发生的争议。

3. 按照劳动争议的标的划分

（1）劳动合同争议。解除、终止劳动合同而发生的争议即劳动合同争议。因开除、除名、辞职等对适用条件的不同理解与实施而发生的争议。

（2）关于劳动安全卫生、工作时间、休息休假、保险福利而发生的争议。

（3）关于劳动报酬、培训、奖惩等因适用条件的不同理解与实施而发生的争议等。

（三）劳动争议产生的原因

1. 劳动争议的内容是以劳动权利和义务为标的

权利义务的基础在于劳动法律、集体合同、劳动合同、企业内部劳动管理规则的规定或约定，是否遵循法律规范和合同规范是劳动争议产生的直接原因。劳动权利义务的内容涉及就业、工资、工时、劳动保护、保险福利、培训、民主管理、奖励惩罚等各个方面，内容十分复杂，任何一种不规范的行为都有可能产生争议。

2. 劳动争议的实质是劳动关系主体的利益差别而导致的利益冲突

市场经济的物质利益原则的作用，使得劳动关系当事人之间，既有共同的利益和合作的基础，又有利益的差别和冲突。劳动争议的实质是劳动关系主体的利益差别而导致的利益冲突。只要是市场经济体制，只要劳动关系当事人有相对独立的物质利益，劳动争议的产生就具有必然性。

二、劳动争议的预防

（一）劳动争议预防的基本原则

1. 强化防范意识

强化防范意识是劳动争议预防的前提条件。在实务操作中，由于相当部分的用人单位缺乏防范意识，平时不注意证据的留存，导致在仲裁或诉讼过程中根本无法举证，最后败诉。对用人单位而言，在劳动争议事务的处理阶段，最主要的问题往往不是法律的适用问题，而是有关申请事项或抗辩事项的举证事宜。因此，树立劳动争议的防范理念，强化防范意识，才能更好地处理劳动争议的预防事务。

2. 依法用工

依法用工是劳动争议预防的根本条件。如果用人单位持续存在违法用工行为，那么任何劳动争议预防手段都是徒劳的。随着《劳动法》及《劳动争议调解仲裁法》的颁布，劳动争议处理的司法环境已经有了相当程度的改善，劳动争议时效及举证责任均有了相当程度的进步，想通过处理证据或拖延诉讼时效等手段规避法律责任的做法越来越难。此外，考虑到和谐劳动关系的建设，存在持续违法用工行为的用人单位与其劳动者处于一种对立状态，这从战略上对用人单位的长远发展十分不利。因此，为了避免有关劳动争议的发生给用人单位带来经济损失或其他不良影响，用人单位应当坚持依法用工。

3. 建章立制

建章立制是劳动争议预防的基础条件。对于有关劳动争议的预防工作应当是有据可依的，制度化的预防措施比用人单位管理人员天马行空得来的灵感要可靠得多。有关劳动争议预防的制度往往基于用人单位的主管业务、企业文化、法律法规等因素而进行设计，内容涵盖日常人事管理、绩效考核、员工奖惩等方面。同时，有关制度不应当是完全刚性的，应当随着特殊工作情况或法律法规的变化而予以调整。

4. 提高技能

提高技能是劳动争议预防的手段条件。提高有关人员劳动人事管理的相关能力能够确保劳动争议预防的理念、用工方式及规章制度能够予以落实。因此，HR、法务及律师等有关专业人员、用人单位的决策者及基层干部应当不断地参加学习和培训，以提高专业素质及技能。

5. 与时俱进

与时俱进是劳动争议预防的保证条件。随着工作方式及劳动立法的发展，劳动争议的类型也是不断发展的，由此相应的预防意识及方法也应当有所改变。此外，应当认真总结在过去的劳动人事工作中积累的经验与教训，并体现于用人单位的相关制度与有关HR、法务的具体工作中去。

（二）预防劳动争议的有效措施

1. 正确使用劳动法律法规

由于我国目前在劳动立法上的不完善和滞后，一些地区为了弥补国家立法上的这一暂时缺憾，纷纷制定了一些地方性法规或规章，用以调整本地区的劳动关系。而不同地区制定的劳动政策，很自然会有许多不同之处。作为人力资源管理者必须既要掌握国家的劳动法律，也要掌握地方劳动政策法规，特别是企业所在地区的具体规定或规范。对于全国性的集团公司或总公司，以及在不同地区设有子公司或分公司的企业，更要在懂得国家劳动法律的基础上，掌握各个地区的劳动政策法规，特别要注意和了解各地法规之间的差异，使得不同地区的分、子公司在人力资源管理上，均能遵守当地的劳动政策法规，保障人力资源的管理真正依法进行。只有这样，才能预防因错误适用法律而引发的劳动争议。

2. 合法合理处罚违纪员工

企业为了保障在生产经营的过程中有良好的工作秩序或劳动秩序，往往会制定各种规章制度和劳动纪律，要求员工遵守。虽然我国《劳动法》第4条规定："用人单位应当依法建立和完善规章制度，保障劳动者享有劳动权利和履行劳动义务。"但总的来看，我国劳动法律对用人单位如何"依法"制定内部规章制度规定得较为简略，对内部规章制度的调整缺乏一整套的法律规范，如应遵循哪些原则、应包括哪些内容、如何保证法定程序得到遵守、违法责任等问题，我国目前的劳动立法还存在空白。最高人民法院在《关于审理劳动争议案件适用法律若干问题的解释》中对规章制度的制定程序做了如下的规定："用人单位根据《劳动法》第四条之规定，通过民主程序制定的规章制度，不违反国家法律、行政法规及政策规定，并已向劳动者公示的，可以作为人民法院审理劳动争议案件的依据。"因此，公司在制定内部规章制度时，至少应通过"民主程序"，并向劳动者进行"公示"。只有采用这种程序制定出的内部制度，才可能是合法的，发生劳动争议时这些规定才可以作为人民法院审理劳动争议案件的法律依据。

有了合法的规章制度后，当某个员工违反企业的规章制度时，企业通常采用给予该员工相应处罚的方式来维护制度的尊严。一般来说，企业对违纪员工的处罚有警告、经济处罚、解除劳动合同等。正是这些处罚，由于触动了员工的个人利益，如果处理不好的话，就极易引发劳动争议。因此，建议企业对违纪员工的处罚应建立在既合法又合理的基础之上。

众所周知，经济惩罚手段会对员工心理造成较大冲击，很容易产生劳动争议。因此应尽可能缩小经济处罚范围或者不用经济处罚，操作中可以通过其他的管理手段替代这种处罚。如企业可以将对员工的经济处罚通过另一种方式来实现，尤其是考核的方式实现。由于现在劳动力市场的残酷的竞争，劳动者即使没有立即得到经济处罚，但是将这些违反规章制度或劳动纪律的行为，从考核的角度作为其是否晋升或续签劳动合同的依据，比起经济处罚的效果更具威慑力。

另外，一些企业对违纪违规员工采取口头提醒、书面提醒、最后警告直至解除劳动合同这样循序渐进的处理办法，也起到了预防和减少劳动争议的目的。这样做，有利于优化企业内部的小气候，缓和上下级关系，激发员工的积极性，形成一套以人为本，注重人的尊严的观点及由此衍生的处理企业人际关系的程序。这样操作的好处有两个：一是可以谨慎地通过使用经济处罚以外相对缓和的处罚手段，防止劳资关系发生破裂性的矛盾；二是通过考核评价体系，使劳动者因其违纪违规行为和收入直接挂钩，达到比处罚更好的正面效果。一般来说，员工的薪酬构成包括固定工资和不固定的奖金两部分，企业可以把对员工的行为规范要求列入奖金发放的考评体系中，从而起到了对违规违纪行为的制约。用这种浮动奖金的方法来规范员工的行为，从管理心理学的角度来讲，员工也比较容易接受。因为企业承诺的工资部分并没有减少，而奖金多拿一点或少拿一点毕竟都是在"拿"，而不是在"扣"，而员工为了拿到更多的奖金，就会努力使自己的行为规范符合企业的要求。从企业的角度来说，成本没有丝毫的增加，没有损失。用这种方式来操作，同样可以达到对员工的约束作用，但却可以减少很多麻烦。

3. 构建有效的劳动争议内部防范机制

现代化企业应本着"建立以事前预防为主，以事中控制及事后补救为辅的企业风险控制体系"的原则，建立有效的劳动争议内部应对机制，这样一方面可以及时防范、化解因企业劳动争议可能导致的劳动关系、劳资矛盾等问题的激化或群体性事件，保障生产经营活动的正常顺利开展；另一方面，在仲裁诉讼程序中可以最大限度地维护企业的利益。

（1）建立职工参与或影响决策的管理机制。增强职工对企业工作环境的认识，减少和克服因不了解企业管理者意图和措施而引起的不满心理，加强彼此的沟通和信任。

（2）在企业内部创造有利的群体环境和交往气氛。企业要提出本企业组织全体员工的共同价值观、理想、信念和作风，用于统率企业内部员工的思想和行为，创造出一种团结共事的和睦气氛。

（3）创造良好的工作条件。良好的工作环境虽以精神环境为核心，然而，良好的物质环境是精神环境的前提和保证，是良好工作环境的外显特征；不好的工作条件既会降低工作效率，也会导致员工对企业产生不满和抵触情绪。

（4）做好员工关系管理。人力资源管理人员清楚地了解员工的需求与愿望，进行良好的沟通非常必要。这种沟通应更多采用柔性的、激励性的、非强制的手段，从而提高员工满意度，支持组织其他管理目标的实现。例如，设立员工投诉信箱，是为了让那些平时根本没有机会和渠道向公司提出各种建议和意见的员工，能够有一个直接的沟通渠道。这样有利于真正了解广大员工的心声，促进相互交流。如果企业清楚地了解了每个员工的需求和发展愿望，并尽量予以满足，而员工也为企业的发展全力奉献，应该说在这个企业里建设"和谐的劳动关系"已经具备了最重要的条件。

（5）建立健全企业劳动争议调解委员会。通过推行企业内部的调解制度，尽最大可能地将劳动争议的苗头扼杀在企业内部。企业劳动争议调解委员会的调解工作，往往可以使劳动争议不出企业就能及时、妥善地得到解决，把劳动争议消灭在萌芽状态。

三、劳动争议处理的基本原则

解决劳动争议，应当根据事实，遵循合法、公正、及时、着重调解的原则，依法保护当事人的合法权益。我国劳动争议处理的基本原则如下：

（一）合法原则

合法原则是指劳动争议处理机构在处理劳动争议过程中必须坚持以事实为根据，以法律为准绳，依法处理劳动争议案件。要查清事实，首先，当事人应积极就自己的主张和请求提出证据；其次，劳动争议处理机构应及时调查取证，两者有机结合，才能达到查清事实的目的。依法处理争议，就要依据法律规定的程序要求和权利、义务要求去解决争议，同时要掌握好依法的顺序，即有法律依法律，没有法律依法规，没有法规依规章，没有规章依政策。另外，处理劳动争议还可以依据依法签订的集体合同、劳动合同，以及依法制定并经职代会或职工大会讨论通过的企业规章。因此，合法原则是处理劳动争议的首要原则。

（二）公正原则

公正原则是指劳动争议处理机构在处理劳动争议时，要坚持公平正义、秉公执法，不徇私情，中立地解决争议，保证争议双方当事人处于平等的法律地位，具有平等的权利和义务，保证双方的利益能在同一个标准上得到保护。由于劳动者相对于用人单位先天处于弱势地位，处理劳动争议时，应当通过法律手段保障劳动者能够平等地与用人单位对话，保障劳动者的合法权益，但同时也应防止另一种倾向，即过分地强调保护劳动者的权益而置用人单位的正当权益于不顾，导致处理结果有失公正。

（三）及时处理原则

及时处理原则是指劳动争议处理机构在处理争议时应遵循法律规定的期限，做到合法准确的同时，迅速、及时、快速、高效地处理和解决劳动争议。劳动纠纷和其他纠纷不同，一旦发生争议，不仅影响到用人单位的生产和在职员工的情绪，而且也影响到劳动者及其家人的生活，甚至还可能产生社会不稳定因素。因此，及时处理劳动争议对于各方来讲都是必要的。

（四）着重调解原则

劳动争议双方当事人之间并不存在尖锐的不可调和的矛盾，双方之间总存在权利义务的平衡点，通过调解，劳资双方均可在平和的状态下化解矛盾。在调解过程中，应注意把握以下原则：

一是全程调解原则。在整个劳动争议处理过程中，应把调解作为解决双方劳动争议的基本手段，努力使双方当事人通过调解解决争议。

二是自愿原则。调解应遵循双方当事人自愿原则，不可以强迫任何一方接受调解。

三是平等原则。调解时双方当事人地位平等。

第五节　多层次社会保障体系的建设

党的二十大报告中提出，坚持在发展中保障和改善民生，"健全覆盖全民、统筹城乡、公平统一、安全规范、可持续的多层次社会保障体系"，为新时代中国特色社会保障事业发展指明了前进方向，提供了根本遵循。但是，无论在学术界还是实务界，对"多层次社会保障体系"的内涵与外延的理解既不统一也不全面，比较普遍的观点是从"单向度"出发，把"多层次社会保障体系"理解为狭义的"多层次社会养老保险体系"。为此，很有必要从多维度的宽广视角出发，全面把握"多层次社会保障体系"的内涵和外延，建设多维立体的多层次社会保障体系，以更好地增进民生福祉，提高人民生活品质。

一、需求满足多层次的社会保障体系

作为一种民生福祉的社会保护制度，社会保障制度起源于满足社会成员的福利需求，需求为本是社会保障制度的本原导向，满足需求是社会保障制度的最终归宿。从源头的意义上讲，只有回应民生需求、聚焦民生需求、反映民生需求、满足民生需求，社会保障体系建设才能"坚守初心"、才能"有的放矢"、才能"保障民生"。由于社会保障制度具有天然的需求导向和需求为本的特性，建设多层次社会保障体系，首先必须全面认识社会成员的福利需求结构，这对健全多层次社会保障体系具有十分关键的基础性和根本性意义。

社会成员的福利需求具有结构化特性，既有横向结构，也有纵向结构，建设多层次社会保障体系要重点关注福利需求的纵向结构。在以往的社会福利需求研究中，横向结构分析得到高度重视，纵向结构分析却严重"短缺"。如何认识福利需求的纵向结构？景天魁提出的底线公平理论提供了一个新的思路。景天魁指出，在"二次分配"中，人们自然而然地把社会公平视为社会保障制度的理念基础，但不同个人对社会公平的理解不同，必然形成不同的公平观；因此，笼统抽象地讲社会公平是不够的，必须进一步明确"社会公平"的具体含义。[①]景天魁提出，"底线公平是社会保障制度的基本理念，要以底线公平

① 景天魁.底线公平与社会保障的柔性调节 [J].社会学研究，2004，（06）：32-40.

为核心理念完善社会保障体系"。^①"底线"就是社会成员基本需要中的"基础性需求",划分了社会成员权利的一致性和差异性,底线以下部分体现权利的一致性,底线以上部分体现权利的差异性,所有公民在"底线"面前所具有的权利一致性就是"底线公平"。^②

根据底线公平理论,可从两个层面划分福利需求的纵向结构。一是根据不同福利需求的性质差异,可把社会成员的不同福利需求分为"底线福利需求"和"非底线福利需求"两个层次。"底线福利需求"属于福利需求的"底层结构",是所有社会成员福利需求中的"最大公约数",集中体现社会成员福利需求的共同性和一致性。"底线福利需求"可以实行"无差别的公平",回应和满足"底线福利需求"的社会保障制度主要有最低生活保障制度、义务教育制度、基本公共卫生服务制度、基础养老金制度。^③"非底线福利需求"属于福利需求的上层结构,反映社会成员福利需求的差异性和偏好性,社会成员的"非底线福利需求"可以实行"有差别的公平",回应和满足"非底线福利需求"的社会保障制度主要有个人账户制度、完全积累制、商业保险制度等。二是根据同一福利需求的程度差异,把社会成员的同一福利需求分为"底线需求"和"非底线需求"两个层次。同一福利需求存在程度差异的事例很多,如教育保障需求,"有学校读书"属于底线需求,"有好学校读书"则属于"非底线需求";又如生存保障需求,"有饭吃"属于底线需求,"吃得好"属于非底线需求;再如住房保障需求,"有房住"属于"底线需求","住得好"就属于"非底线需求"。根据底线公平理论的福利需求结构,在满足社会成员的不同福利需求时,应该优先保障"底线福利需求",然后才是"非底线福利需求";在满足社会成员的同一福利需求时,应该优先满足"底线需求",然后才是"非底线需求"。因此,在新时代建设需求导向的多层次社会保障体系,应该立足于社会成员福利需求多层次的客观实际;在建设多层次社会保障体系的时序选择上,应该优先建立"底线保障制度",然后才是"非底线保障制度"。

二、目标定位多层次的社会保障体系

我国的社会保障体系是由不同保障项目(制度)构成的复杂系统,随着党和国家对民生福祉的高度重视,社会保障项目不断增加,社会保障体系日益健全,社会保障结构持续完善,已成为全球规模最大的社会保障体系。

在社会保障项目的目标定位上,保障项目与福利需求之间存在着多重对应关系,既有不同保障项目对应不同福利需求的情形,也有不同保障项目回应同一福利需求的情形,还有同一保障项目回应不同福利需求的情形。现行社会保障体系的诸多保障项目,可以根据

---

① 景天魁. 社会保障:公平社会的基础 [J]. 中国社会科学院研究生院学报,2006,(06):16-22.

② 景天魁. 底线公平:和谐社会的基础 [M]. 北京:北京师范大学出版社,2009:146.

③ 毕天云,朱珠. 社会福利公平与底线福利制度建设 [J]. 云南民族大学学报(哲学社会科学版),2013,30(05):70-76.

不同标准进行多元分类，也可以从不同角度进行多种分层。目前，政府界和学术界共识程度较高的看法是从保障项目的目标定位角度进行分层，把现行社会保障体系分为托底型的社会救助、基本型的社会保险、提高型的社会福利三个层次，每个层次又细分为若干平行并列的保障项目。

（一）托底型的社会救助

在社会保障发展史上，社会救助是最早产生的社会保障制度，在现代社会保障体系中仍然处于基础性的基石地位。社会救助是对陷入生活困境的弱势群体提供底线保护的社会保障制度，是维护社会稳定的托底性、兜底性、基础性的保障制度。从功能定位看，社会救助是一种最低生活水平的保障制度，具有"雪中送炭"的补救属性，是多层次社会保障体系的"最低纲领"。托底型的社会救助属于"托底型民生"，"不仅是维持个体最基本生活的食物供给，涉及最基本的疾病治疗、居住及教育需求等，还涉及整个社会的突发性不明原因传染病等在内的灾害救济以及其他临时救济项目"。[①]2014年2月颁布的《社会救助暂行办法》（国务院令第649号），将社会救助项目分为最低生活保障、特困人员供养、受灾人员救助、医疗救助、教育救助、住房救助、就业救助、临时救助等八个项目。2020年8月，中共中央办公厅、国务院办公厅印发《关于改革完善社会救助制度的意见》提出"建立健全分层分类的社会救助体系"，进一步夯实基本生活救助（最低生活保障制度和特困人员救助制度），健全专项社会救助（医疗救助制度、教育救助制度、住房救助制度、就业救助制度、受灾人员救助制度等），完善急难社会救助（急难型临时救助和支出型临时救助）。在各种社会救助项目中，最为重要的是最低生活保障制度。

（二）基本型的社会保险

社会保险是现代社会保障体系的主体和核心，是国家和政府通过立法实施的强制性社会保障制度，主要包括养老保险、医疗保险、失业保险、工伤保险、生育保险等项目。社会保险制度的根本目的是为遭遇社会风险的公民提供基本生活保障，以满足公民的基本生活需要、保障公民的基本生活水平为原则，是多层次社会保障体系的"基本纲领"。

我国现行的"三支柱"养老保险体系具有鲜明的多层次特质，第一支柱即基本养老保险，由国家、单位和个人共同负担，坚持全覆盖、保基本；第二支柱即企业年金和职业年金，由单位和个人共同负担，实行完全积累，市场化运营；第三支柱包括个人储蓄性养老保险和商业养老保险。我国的医疗保险体系也具有多层次特征，包括基本医疗保险、城乡居民大病保险、医疗补助（救助）、商业医疗保险等。

---

① 高和荣．论托底型民生 [J]．北京师范大学学报（社会科学版），2020，（03）：140-147．

（三）提高型的公共福利

与社会救助保障最低生活水平和社会保险保障基本生活水平的目标定位不同，公共福利是国家依法为满足公民的发展需要、提高公民生活质量和全社会福利水平而建立的社会保障制度。换句话说，公共福利的目标定位于改善和提高公民的生活质量，为实现公民的全面发展创造条件，属于满足公民美好生活需要的高层次社会保障。从福利对象看，公共福利既有面向全体人民的普遍福利，如公共教育福利、公共卫生福利、劳动就业服务、环境保护等，也有面向特定人群的特殊福利，如老年人福利、残疾人福利、妇女福利、儿童福利等。从福利形式看，既有现金福利如各种福利津贴，也有实物福利如各种福利物品；既有设施福利如福利院、养老院、康复院等，也有服务福利如养老服务、托幼服务等。随着收入水平不断提高和生活水平不断改善，服务福利的需求将越来越强烈，服务福利在公共福利体系中的地位将越来越重要、作用将越来越凸显。

三、责任主体多层次的社会保障体系

福利多元主义认为，现代社会保障是多元主体共同承担和分担责任的社会保护制度。在多元化责任主体中，不同主体既分担不同的保障责任，也共担相同的保障责任，形成"责任合力"机制，共同维护社会保障体系的良性运行和持续发展。社会保障责任主体既是多元化的，也是多层次的，总体上可分为政府、单位、家庭、个人四个层次。

（一）政府层次

政府是我国社会保障体系中最重要的责任主体，承担着多重社会保障责任。

1. 政府是社会保障制度的选择者

社会保障制度选择是一个国家社会保障发展中最为根本和关键的问题，选择一个适合本国国情的社会保障制度，是现代政府作为社会保障主体最优先的重要职责。在任何一个国家，社会保障制度的选择权和决策权只可能由政府行使，也必须由政府行使，"传统社会网络无力应对市场给人们生活带来的不确定性危机，只有国家有能力运用手中的权力保护人民免于社会风险"。[①]在20世纪末期，世界上已有172个国家和地区建立了不同形式、不同程度的社会保障制度。在全面建设社会主义现代化国家新征程中，如何在国际比较中建设符合中国国情、体现中国特色的社会保障制度，是中国政府在新时代社会保障事业发展中面临的首要职责。

---

① 钱宁. 现代社会福利思想 [M]. 北京：高等教育出版社，2006：193.

2. 政府是社会保障法规的制定者

通过国家立法推动社会保障制度的建立和完善，是世界各国社会保障发展史上的普遍做法和成功经验。英国在1601年和1834年先后两次颁布《济贫法》，建立起政府主导的社会救助制度；德国从19世纪80年代开始颁布社会保险立法，至20世纪20年代成为世界上第一个拥有完备社会保险体系的国家；美国于1935年通过历史上第一部《社会保障法》，建立了以社会保险制度为核心的现代社会保障制度。提高社会保障法治化水平是全面依法治国的题中之义，进一步健全社会保障法制、推进社会保障治理法治化任重道远。再次，政府是社会保障政策的制定者。社会保障政策是"国家为了实现社会资源再分配、影响社会福利、维系社会稳定和促进社会公平而进行的一系列政策活动"。[1]制定和实施社会保障政策既是现代政府的重要职责，也是现代政府公共政策能力的体现。政府通过制定社会保障政策，既能把社会保障法规具体化，又能为社会保障实践提供行为准则。新中国成立以来特别是改革开放以来，我国政府颁布和实施了一系列富有成效的社会保障政策，促进了中国社会保障事业的快速发展，今后还需要继续修订完善现行政策，出台新的政策。

3. 政府是社会保障资金的提供者

政府的财政支持是社会保障资金的重要来源之一，也是政府作为社会保障责任主体的重要职责之一。政府通过财政转移支付对社会保障进行投入是世界上许多国家的普遍做法，无论是早期的济贫制度、后来的保险制度，还是现代的福利国家制度，欧美发达国家的政府财力支持对于维系社会保障制度的正常运行发挥了重要的支撑作用。实践表明，一个国家的社会保障支出占财政支出的比重，可以有效地反映该国政府对社会保障的重视程度。随着我国综合国力不断增强和财政收入不断增加，应进一步加大政府对社会保障事业的财政支持力度，不断提高社会保障受益水平。

（二）单位层次

单位是以业缘关系为纽带建立起来的社会组织，"单位制"是中国特色的社会组织制度，机关、企业、事业等各种单位是社会保障不可或缺的重要责任主体。单位在多层次社会保障体系中主要承担两类责任：

1. 依法缴纳社会保险费

2010年颁布、2011年7月实施的《中华人民共和国社会保险法》明确规定："用人单位应当按照国家规定的本单位职工工资总额的比例缴纳基本养老保险费，记入基本养老保

① 库少雄，HobartA. Burch. 社会福利政策分析与选择[M]. 武汉：华中科技大学出版社，2006：6.

险统筹基金""由用人单位和职工按照国家规定共同缴纳基本医疗保险费""用人单位应当按照本单位职工工资总额，根据社会保险经办机构确定的费率缴纳工伤保险费""由用人单位和职工按照国家规定共同缴纳失业保险费""由用人单位按照国家规定缴纳生育保险费，职工不缴纳生育保险费"。缴纳社会保险费是用人单位的法定责任，违反者务必承担法律责任。《社会保险法》第八十四条规定："用人单位不办理社会保险登记的，由社会保险行政部门责令限期改正；逾期不改正的，对用人单位处应缴社会保险费数额一倍以上三倍以下的罚款，对其直接负责的主管人员和其他直接责任人员处五百元以上三千元以下的罚款。"第八十六条规定："用人单位未按时足额缴纳社会保险费的，由社会保险费征收机构责令限期缴纳或者补足，并自欠缴之日起，按日加收万分之五的滞纳金；逾期仍不缴纳的，由有关行政部门处欠缴数额一倍以上三倍以下的罚款。"

2. 为员工提供职业福利

美国学者吉尔伯特（Neil Gilbert）和特雷尔（Paul Terrell）指出："工作单位——工厂、农场、大学和服务公司——常常为其职员提供连同正常薪酬一起的与工作相关的商品和服务以提升他们的福利。……工作不仅提供了日常生活开支的来源，而且提供了各种工作福利，即平常所说的额外或职业福利。"[①]我国的单位福利是指以工作单位（企业、事业、国家机关等）为举办主体，为改善职工的物质文化生活，举办集体生活及其服务设施，建立各种补贴制度，向职工提供物质帮助和服务活动的总称。由于单位福利的受益对象主要限于单位内部的职工和职员，单位福利也可以称为职工福利。从发展型社会政策的视角看，职工福利并非完全是一种生活消费行为，而是具有非常强的"社会投资"性质，发展职工福利是一种社会投资行为。

（三）家庭

家庭是建立在婚姻关系、血缘关系或收养关系基础上的生活共同体，家庭是一个承担着多种社会功能的共同体，包括经济功能、人口生产功能、教育功能、保障功能、情感功能等。自从家庭产生以来，家庭就一直承担着保障功能，是社会保障的责任主体之一。家庭保障具有基础性、伦理性、效率性和社会性等特点和优点，无论是古代近代还是现代，莫不如此。在传统农业社会，以国家和政府承担主要责任的社会保障制度尚未建立，家庭是最重要甚至是唯一的保障主体；在现代工业社会，虽然家庭的保障功能有所弱化，但家庭作为保障主体的作用决不可因此而被忽视和低估。

家庭保障形式因时因地而异，总体上可分为三类：第一类是实物支持。从代际关系角度看，家庭的实物支持包括父辈对子辈的支持、子辈对父辈的支持、同辈之间的相互支

---

① 吉尔伯特，特雷尔. 社会福利政策导论 [M]. 黄晨熹，周烨，刘红，译. 上海：华东理工大学出版社，2003：11.

持。第二类是服务支持。服务支持是家庭保障的重要内容，体现为家庭成员之间的相互服务。如父母对子女成长的照护、子女对父母日常生活的照料、夫妻之间的相互照顾、家庭成员对疾病患者的长期护理等。一般而言，家庭成员之间的相互服务具有浓厚的亲情色彩，基本没有"功利性"的"金钱味"，这是家庭服务支持的崇高性之所在。家庭成员之间的相互服务长期以来被人们有意无意地忽视，在家庭保障研究中经常被"遮蔽"。第三类是情感支持。家庭是情感因素最深厚的社会共同体，家庭关系是最亲密的人际关系，情感支持对于稳定夫妻关系、改善亲子关系、建设和谐家庭、构建和谐社会具有十分重要的现实意义。总之，高度重视家庭保障既是中华民族的优秀文化传统，也是中国传统社会保障的优秀传统，应该得到继承弘扬。

（四）个人层次

在建设立体化多层次社会保障体系过程中，要以全面的辩证思维看待个人责任，既不能把社会保障网变成"养懒汉"的"安乐窝"和"避风港"，更不能让个人躺在社会保障安全网上"享清福"。在立体化多层次社会保障体系中，个人既是社会保障的受益者，更是社会保障的责任者；既是社会保障体系的共享者，更是社会保障体系的共建者。作为社会保障的责任主体，个人主要承担两个方面的责任。一方面是对自己负责。凡是具有劳动能力的个人，应该崇尚勤劳奋斗的工作伦理，努力以劳动实现自我保障，通过劳动收获幸福。先秦时期墨家代表人物墨子创造性地提出"赖其力者生"的思想，认为劳动是民生之源，劳动创造财富，劳动创造幸福。[①] 在养老保险、医疗保险制度建设中，个人应该首先履行缴费义务，然后才能享受社保待遇。另一方面是为他人尽责。人的本质是社会关系的总和，个人总是"嵌入"在各种社会关系网络中，世界上没有孤立存在的个人。因此，为遇到困难和处于困境的他人提供帮助和支持，也是个人应该承担的社会保障责任。在社会互助和社会救助体系中，个人应该积极支持志愿原则主导的第三次分配，主动参与慈善捐赠，这既是个人承担社会保障责任的体现，也是个人在遇到困难时获得他人帮助的源泉。

四、统筹范围多层次的社会保障体系

我国社会保障事业发展的实践表明，合理规划社会保障的统筹范围，动态调整社会保障的统筹层次，既直接关乎社会保障的效率，更直接关乎社会保障的公平。统筹范围和统筹层次得当，社会保障既有效率也有公平；统筹范围和统筹层次不当，要么有效率无公平，要么既无效率也无公平。我国社会保障体系是世界上规模最大的社会保障体系，包含着非常丰富的社会保障项目，不同社会保障项目的统筹范围和统筹层次既不可能也不必要

"一刀切"；同一社会保障项目可以有相同的统筹层次，也可能有不同的统筹层次，不同社会保障项目的统筹层次既可以相同也可以不同。从提高统筹层次的时序角度看，先是小范围的低层次统筹，然后是中范围的中层次统筹，最后是大范围的高层次统筹。综合统筹空间和统筹时序两个因素，我国社会保障体系的统筹范围由高到低可以分为四个层次。

（一）全国统筹

全国统筹是指在全国范围内统一制度规定、统一调度使用基金、统一经办管理、统一信息系统。《社会保险法》第六十四条提出"基本养老保险基金逐步实行全国统筹"，2021年发布的《国民经济和社会发展第十四个五年规划和二〇三五年远景目标纲要》也提出"实现基本养老保险全国统筹"。在社会养老保险项目中，仅就统筹的必要性、紧迫性和可行性而言，企业职工基本养老保险实现全国统筹的条件最为成熟。我国自1998年实行统一的企业职工养老保险制度以来，从最初的县级统筹起步，逐步提高统筹层次和统筹范围。2018年建立基金中央调剂制度，实现全国统筹的第一步；2020年底全国各省实现了企业职工基本养老保险基金省级统收统支，建成了全国统一的社会保险公共服务平台；2018至2021年间共跨省调剂资金6000多亿元，其中2021年跨省调剂的规模达到2100多亿元，有力支持了困难省份确保养老金按时足额发放，适度均衡了省际养老保险基金负担。[①] 从2022年开始，我国开始实施企业职工基本养老保险全国统筹，在全国范围内对省际养老保险基金当期余缺进行调剂，从制度层面解决省际养老保险基金的结构性矛盾。企业职工基本养老保险全国统筹，有利于促进劳动力跨区域自由流动，加快实现以市场机制高效配置劳动力资源；有利于均衡省际养老保险基金负担，提高养老保险基金整体抗风险能力；有利于促进基本养老保险的省际公平和良性循环，进一步增强企业职工基本养老保险的可持续性。

（二）省级统筹

我国持续推进工伤保险、失业保险实现省级统筹。2017年6月，人力资源和社会保障部、财政部印发《关于工伤保险基金省级统筹的指导意见》，要求在省（区、市）内实现工伤保险制度"五统一"：统一工伤保险参保范围和参保对象、统一工伤保险费率政策和缴费标准、统一工伤认定和劳动能力鉴定办法、统一工伤保险待遇支付标准、统一工伤保险经办流程和信息系统。2022年4月，人力资源和社会保障部、财政部、国家税务总局印发《关于加快推进失业保险省级统筹有关工作的通知》提出，要求在2023年底前做到失业保险制度省级统筹，"实现以失业保险政策全省统一为核心，以基金省级统收统支为基础、以基金预算管理为约束、以经办服务管理和信息系统为依托、以基金监督为保障，均

---

① 李心萍. 企业职工基本养老保险全国统筹1月起启动实施，养老金及时足额发放有保障 [N]. 人民日报，2022-2-25.

衡省内基金负担、增强互助共济能力、保障政策有序实施的省级统筹制度"。

（三）市级统筹

我国全面推进基本医疗保险制度市级统筹。我国现行医疗保障体系包括职工基本医疗保险制度、城乡居民基本医疗保险制度、城乡大病保险制度和城乡医疗救助制度等。2019年4月，国家医保局、财政部在《关于做好2019年城乡居民基本医疗保障工作的通知》提出：做实城乡居民医保地市级统筹，确保地市级统筹区内保障范围统一、缴费政策统一、待遇水平统一。2020年2月，中共中央、国务院在《关于深化医疗保障制度改革的意见》中强调："按照制度政策统一、基金统收统支、管理服务一体的标准，全面做实基本医疗保险市地级统筹。"

2022年3月，《国民经济和社会发展第十四个五年规划和二〇三五年远景目标纲要》提出新的要求："做实基本医疗保险市级统筹，推动省级统筹。"海南省已经出台《海南省基本医疗保险基金统收统支管理实施方案》和《海南省基本医疗保险基金统收统支管理暂行办法》，自2020年1月1日起在全国率先实行基本医疗保险基金省级统收统支，成为全国范围内首个实现省级统筹的省份。

（四）县级统筹

在中国，县域是一个非常重要的结构单元，既是一个地理空间概念，又是一个行政区划概念；既是一个经济社会概念，也是一个区域文化概念，县域发展具有十分重要的经济、政治、文化意义。在社会保障领域，县级统筹是我国社会保障统筹层级的起点，许多重要的社会保障制度都经历了县级统筹阶段，并在此基础上逐步迈向市级统筹、省级统筹，如城镇居民基本养老保险制度、城镇居民基本医疗保险制度、新型农村社会养老保险制度、新型农村合作医疗制度、城乡居民基本养老保险制度、城乡居民基本医疗保险制度、企业职工基本养老保险制度、城镇职工基本医疗保险制度等。县级统筹是提高社会保障统筹层次的必经阶段，既契合县域经济社会发展需要，又能为更高层次统筹积累经验。就目前而言，全国许多地方的最低生活保障制度仍然处于县级统筹阶段，在县域范围内统筹城乡最低生活保障制度仍然具有一定的客观必然性和现实合理性。

随着城乡融合发展进入新阶段，应该加快城乡最低生活保障制度一体化的整合速度，尽快实现城乡最低生活保障制度市级统筹，提高城乡最低生活保障制度的公平性。

总之，多层次社会保障体系不是单向度的多层次而是多维度的多层次，不是平面化的多层次而是立体化的多层次。只有从多维度立体化的大视野出发，坚持需求满足、目标定位、责任主体、统筹范围四个多层次同时并举，才能建成系统化、整体化、立体化的多层次社会保障体系，才能更好地满足人民群众日益增长的美好生活需要。

第六节 机关事业单位养老保险制度改革新径

改革机关事业单位养老保险制度既是全面深化改革的有效举措，也是依法治国在社会保障领域的具体体现，对统筹城乡养老保险体系建设具有十分重要的现实意义。要切实解决当前机关事业单位改革中差距过大的问题，促进社会公平公正。在机关事业单位养老保险制度改革的进程中，需要充分认识整个改革的重要意义，只有这样，干部职工才能充分认识到养老保险制度改革的重要性和必要性，积极参与到养老保险改革中，推动整体改革更加顺利进行。通过养老保险改革，进一步推进全面深化改革。

一、机关事业单位养老保险制度改革的意义

（一）有利于促进国民经济的平衡发展及社会稳定

从国家经济发展的角度来看，养老保障体系是基本保障，不可或缺的。当前，国有企业退休人员的退休金普遍高于普通企业，有些还超过了一般企业，严重影响了国民经济的平衡发展和社会稳定。尽管为了缩小差距，我国对普通企业的退休金标准进行了一系列调整，但由于体制等客观因素的制约，问题并没有得到良好解决，甚至愈加严重。因此，必须结合我国国情，进行养老保障制度改革，从根本上解决这一问题。从这个角度来看，我国政府机构的养老保障制度改革对推进均衡发展和社会稳定具有重要意义。

（二）进一步减轻国家负担，有效缓解单位财政压力

为实现事业单位的发展，必须对其进行有效改革，并在此基础上完善相关养老保障体系。在差额分配和自负盈亏方面，相关的支出通常是单位自行承担。随着人口老龄化程度的加深，机关退休人员的数量也在不断增加，导致单位自身退休者的工资发放量增加，机关所承担的工作压力更大。目前，我国财政问题比较严峻，退休人员的退休金发放难以得到有效保障。机关事业单位的养老保险制度改革将退休人员的养老金全部纳入社会统筹，各单位按规定时间缴纳，职工和单位共同承担相关费用。虽然一些机构在初期出现了支出增加的问题，但从长远来看，养老保险制度改革将大大减轻单位和整体财政的压力。国家向全额拨款单位提供养老保险，也可以通过保险资金进行经营增值，并将其增值部分用于支付退休金，从而有效减轻政府的负担。

（三）有利于推进机关事业单位的人事制度改革及发展

从机关事业单位人事制度改革和发展的角度来看，深化养老保障体制改革至关重要。在具体的改革过程中，既要顺应市场经济的发展趋势，又要建立与市场经济相适应的行政管理制度。《中华人民共和国公务员法》对事业单位聘用制度的改革产生了巨大的影响，提升了机关事业单位在社会中的地位和作用。这意味着：一方面，机关事业单位的养老保险属于事业单位的人事管理体制；另一方面，它的改革是实施人事制度改革的先决条件。在此基础上，对事业单位养老保障制度的改革对于推动机关事业单位的人事管理体制改革和发展具有重要的作用。

二、机关事业单位养老保险制度改革过程中存在的不足

（一）改革方案的构建有待进一步优化

就目前机关事业单位的全面改革而言，实现改革的方法主要是通过行政指标，然而，尽管渐进改革的方法被社会各界充分认可，但是一些机关事业单位在推进过程中仍无法具备达到理想状态所需的基础条件。部分机关事业单位在渐进改革实施之中难以避免所面临的矛盾和问题。例如，对退休金计算方式的认可度存在争议、全面养老保险制度的覆盖率提升不显著，导致改革方案难以得到广大员工的应有支持和认可。

（二）统筹范围不明确

我国各部门的养老保障工作起步比较晚，尚未形成一套全国性的规范，导致许多地区仍处于试点阶段，各地的统筹范围和目标存在不一致的情况。此外，许多政府机构的工作人员并不实际参与社保的缴纳工作，只是一种名义上的参与，这种情况将可能带来不公平的风险，从而对我国现有的社会保障体系的改革和发展产生重大影响。

（三）机关事业单位养老保险制度模式相对单一

当前，我国政府机构的养老保障体制改革的主要目的在于完善现行的养老保障制度，以此满足各岗位职工的养老保障需求。然而，在现有形势下，一些机关职工的退休金福利水平比较高，采用现有的退休金制度会减少他们在退休后所获得的福利，因此，对相应的养老保障模式产生了质疑，在一定程度上阻碍了现行养老体制的改革进程。

三、机关事业单位养老保险制度的改革路径思考

（一）制订统一方案，严格按照要求推进改革

在推进机关事业单位养老保险体系改革时，需要制订统一方案，按照要求严格推进改革。可以通过明确改革目标、内容及细化改革程序等方式，根据当地具体实情来完善改革的内容，使改革进程更加顺利，同时也可以消除改革过程中的各种障碍，如确定参保人员的范围、参保人数等，用国家法律和法规来引导改革方向。

（二）完善养老保险制度模式

1. 推进机关事业单位与一般企业的养老保险制度并轨

当前，机关事业单位的养老金水平普遍高于普通企业，为此，需要积极推动两者的养老金合并，弥补政府和普通企业之间的差距。养老金合并不仅可以推动社会的稳定，还可以促进政府机构和企业之间人才的合理流动。具体而言，需要采取以下措施：首先，建立一个统一的缴费基数标准、比例标准和核定标准，以保障职工在缴纳和领取保险费方面享有同等待遇；其次，进一步规范机关事业单位和普通企业退休人员的退休金关系的转移与延续，确保人力资源的合理流动；最后，在不同部门和普通企业中普遍使用统一的工作程序和工作软件，保证数据的互联互通。

2. 完善职业年金制度

职业年金是一种特殊的保障制度，目的在于为退休人员提供基本养老保障。与普通企业直接向商业保险公司缴纳保费不同，事业单位的职业年金由各级社会保险经办机构承担征缴及管理。在此背景下，应充分考虑保值、增值等问题。现行制度对机关事业单位的职业年金实行强制缴费，在某种程度上会给那些自收自支的机关事业单位带来负担，有些单位甚至无力支付或欠费，这将影响退休人员的养老金。必须尽快完善我国事业单位职业年金制度，转变为以职工为主体的自愿性保险，并委托有关商业保险公司具体处理。为此，应根据企业实际财力及员工老龄化状况，合理地确定工作时间节点和途径，逐步做好企业个人账户的实际管理。如果企业资金充裕，可以将企业的个人账户一次性记入单位的虚账，然后再进行单位和个人缴费；如果企业的实际财务状况不佳或员工年龄偏大，可以通过国家财政安排专项资金进行改革，并及时适当地给予中央补助；如果机关事业单位的实际财务状况不佳而员工年龄偏小，可以主要依靠同级财政并逐步实现个人账户的实际管理。

在此基础上，本章提出了一种新的养老保险制度——养老保险基金缴费模式，并在一

定程度上对养老保障制度进行了调整。具体而言，一方面，可将发放工资的时间从发放结束变为终身发放，并根据当地预估人口的平均寿命适时调整个人账户的计发月份；另一方面，由于个人账户的单位支付不可继承，只能由个人代偿来实现，从而使养老金的互补性得以恢复。

3. 将企业养老与政府养老制度进行统一管理

为缩小城乡居民收入差距、化解社会矛盾，政府应改革我国事业单位的养老保险体制。然而在改革过程中，仍存在一些问题：企业职工缴纳的养老金较多，而退休工资却过低；事业单位职工缴纳的养老金较少，而退休工资却较高。因此，需要对企业和政府的养老保险进行统一的划分和管理，以保障职工的养老需求并逐步提高职工的待遇。为此，需要将企业退休和国家退休制度结合起来，建立一个统一的养老保险制度，明确参保的条件，让企业职工延迟退休并缓解财政压力，从而解决机关事业单位员工的养老问题。需要注意的是，政府不能仅通过增加财政投入来提高职工的养老金水平，而是要将两者结合起来，实现统一管理，确保养老金的划分合理和公正。

（三）加强基金管理力度

在实施改革中，应实施多层次的资金统筹，提高管理水平和效率。对于基金的经营，应利用政策改革，进一步深化管理办法，逐步建立分层的养老保险制度，并确保养老金体系的有序运行。此外，必须拓宽基金的投资渠道，选择专业性较强的基金，提高增值和保值作用，增强养老金应对通胀和财政困境的能力。同时，要在财政支出结构中增加养老金风险准备金，完善养老金的管理体制，确保机构养老保险制度改革的实施，进一步完善我国的社会保障制度。

总之，机关事业单位的养老保障制度是一种重要的机构创新，其不仅关系到公务员的利益，也涉及整个社会的福利。如果要让事业单位的养老保险制度得到更好、更全面的改革，在今后一段时间里，需要不断加强政策的宣传和舆论的引导，同时不断出台和完善有关法律和法规，确保在10年的保护期内，中间人能够顺利过渡，从而保障退休人员的权益，同时保障社会公平正义，建设更加美好和谐的社会。

参考文献

[1] 毕天云，朱珠.社会福利公平与底线福利制度建设[J].云南民族大学学报（哲学社会科学版），2013，30（05）：70-76.

[2] 毕天云.建设立体化的多层次社会保障体系[J].学术探索，2023，（04）：121-127.

[3] 毕天云.利民谨厚：墨子的社会福利思想探析[J].山东社会科学，2018，（02）：79-85.

[4] 蔡东宏.人力资源管理[M].西安：西安交通大学出版社，2014.

[5] 陈晨.新时代构建和谐劳动关系的思考[J].四川劳动保障，2023，（06）：42-43.

[6] 陈建军.劳动保障监察与劳动争议仲裁的衔接思路分析[J].四川劳动保障，2023，（07）：13-14.

[7] 陈树文，乔坤.人力资源管理[M].北京：清华大学出版社，2010.

[8] 陈曦.科学推进职业生涯规划系统设计[J].人力资源，2021，（18）：52-54.

[9] 崔佳荣，李询，杨琳.事业单位专业技术人才培训与开发探析[J].数字通信世界，2022，（05）：4-6.

[10] 高和荣.论托底型民生[J].北京师范大学学报（社会科学版），2020，（03）：140-147.

[11] 高婧依.薪酬管理体系的设计与有效导入策略研究[J].中国管理信息化，2015，18（12）：103.

[12] 葛之蕤.我国劳动保障监察执法的困境与对策探析[J].合肥师范学院学报，2023，41（04）：44-48.

[13] 龚一萍，周凌霄.人力资源管理[M].武汉：武汉大学出版社，2017.

[14] 行万龙，刘亚男.企业薪酬管理体系优化设计建议[J].中国电力教育，2017，（12）：78-79.

[15] 贺小刚，刘丽君.人力资源管理[M].上海：上海财经大学出版社，2015.

[16] 胡雯雯.企业人力资源管理的发展趋势探寻[J].中国市场，2022，（25）：85-87.

[17] 黄任民.劳动关系与社会保障实务[M].北京：中央广播电视大学出版社，2013.

[18] 吉尔伯特，特雷尔.社会福利政策导论[M].黄晨熹，周烨，刘红，译.上海：华东理工大学出版社，2003.

[19] 景天魁.底线公平：和谐社会的基础[M]．北京：北京师范大学出版社，2009.

[20] 景天魁.底线公平与社会保障的柔性调节[J].社会学研究，2004，（06）：32-40.

[21] 景天魁.社会保障：公平社会的基础[J].中国社会科学院研究生院学报，2006，（06）：16-22.

[22] 库少雄，Hobart A．Burch．社会福利政策分析与选择[M]．武汉：华中科技大学出版社，2006.

[23] 雷召远.企业员工薪酬管理思路[J].商场现代化，2023，（09）：58-60.

[24] 李洪瑞.机关事业单位养老保险制度改革的内涵、影响及对策[J].中国物价，2022，（12）：121-124.

[25] 李文月.机关事业单位养老保险制度改革新径浅析[J].就业与保障，2023，（06）：76-78.

[26] 李正园.关于劳动保障监察和劳动争议仲裁的路径选择思考[J].中国人力资源社会保障，2023，（09）：34-35.

[27] 林兰兰.企业员工的培训与开发探究[J].中国中小企业，2021，（12）：129-130.

[28] 刘松广.新时期事业单位劳动关系的冲突与化解思考[J].上海企业，2023，（06）：100-102.

[29] 刘薇.构建事业单位基层职工激励机制的对策建议[J].今日财富（中国知识产权），2023，（09）：71-73.

[30] 马静.数智化时代企业员工培训开发创新模式浅析[J].现代商业，2023，（17）：80-83.

[31] 马祥丹.战略性薪酬管理及其体系设计分析[J].商讯，2021，（01）：181-182.

[32] 苗咏丽.企业人力资源管理的发展趋势探究[J].人才资源开发，2023，（13）：92-94.

[33] 钱宁．现代社会福利思想[M]．北京：高等教育出版社，2006.

[34] 尚珂，左春玲.劳动关系管理[M].北京：中国发展出版社，2011.

[35] 汤燕.现代企业要科学建立员工激励机制[J].中国商界，2023，（05）：168-169.

[36] 王丽.高质量构建和谐劳动关系的思考和建议[J].城市公共交通，2020，（06）：26-28.

[37] 王丽芳.共享经济时代下人力资源管理趋势及创新途径[J].吕梁教育学院学报，2022，39（03）：121-123.

[38] 王文军.企业人力资源规划研究[J].中国集体经济，2023，（14）：98-101.

[39] 吴晓巍.企业劳动关系管理[M].第3版.沈阳：东北财经大学出版社，2017.

[40] 吴仲达，梁婧涵，陆昌勤.可持续职业生涯：概念、管理策略与研究展望[J].外国经济与管理，2023，45（06）：68-83.

[41] 夏兆敢.人力资源管理[M].上海：上海财经大学出版社，2011.

[42] 徐健.退休再就业人员劳动权益保障问题研究[J].现代商贸工业，2023，44（21）：106-108.

[43] 张彩霞，梁远帆，杨安宁.人力资源管理[M].长沙：湖南师范大学出版社，2015.

[44] 张喜梅.社会保障对企业人力资源的促进作用[J].企业科技与发展，2022，（11）：141-143.

[45] 张小冬.基于企业战略的人力资源规划研究[J].今日财富，2023，（14）：131-133.

[46] 张艺.事业单位薪酬管理体系优化关键措施[J].人力资源，2023，（16）：102-104.

[47] 张永华，苏静.人力资源管理[M].西安：西北工业大学出版社，2017.